KB231497

핑 골프클럽
50년 이야기

핑 골프클럽
50년 이야기

KARSTEN'S WAY
by Tracy Sumner

Copyright © 2000 by The Moody Bible Institute
This book was first published
in the United States by Moody Press.
No part of this book may be used or reproduced
in any manner whatever without written permission
except in the case of brief quotations embodied in critical articles or reviews.

Korean Translation Copyright © 2002 CharmSoul Publishing House
Korean edition is published by arrangement with
Moody Press through BookCosmos.

이 책의 한국어판 저작권은 북코스모스를 통해
저작권자와의 독점계약으로 도서출판 참솔에 있습니다.
저작권법에 의해 보호를 받는 저작물이므로
무단전재와 무단복제를 금합니다.

카스텐을 사랑한 이들의 편지

카스텐 솔하임은 철저하게 성실한 혁명가이자 몽상가였다. 골프계에 대한 그의 공헌도 전례없는 것이지만 진짜 그를 비범하게 만든 것은 신앙과 가족에 대한 헌신이었다. 사람들은 뛰어난 이 사람의 인생에 고무되어 더 큰일에 도전할 수 있을 것이다.

댄 퀘일
(전 미국 부통령)

카스텐은 진정 위대한 사람이었다. 용기, 지성, 성실, 인간미, 겸손, 풍부한 상식. 이 모든 것이 비범한 한 남자의 인생을 돋보이게 했다.

찰스 S. 메켐
(전 LPGA 회장)

카스텐은 모든 이에게 친절하고 관대했다. 하지만 이것으로 그의 진면목을 표현할 수는 없다. 그는 세상을 밝히는 등불과 같은 존재였다.

진정으로 정직하고 청렴하게, 관대하고 친절하게 살면서 자신의 분야에서도 크게 성공할 수 있다는 자신감을 주었다. 결국 그는 나의 인생까지 바꾸어놓았고, 올바르게 사업하는 것이 어떤 것인지 가르쳐주었다.

휴 머레이
(펜맨Fenman의 창립자이자 대표)

카스텐은 수많은 사람들의 마음속에 특별한 자리를 차지하고 있다. 그는 뛰어난 제품을 만들고자 하는 열망과 인내, 헌신을 통해 이런 경지에 다다를 수 있었다. 그는 정말로 특별했다.

코튼 피츠시몬스
(프로농구 피닉스 선즈의 수석 부사장)

나는 진심으로 이 책을 추천한다. 무엇보다 이 책은 멀리 내다볼 줄 아는 한 선구자의 이야기이며, 어떻게 그가 비상한 열정으로 골프계에 대혁명을 일으켰는가에 대한 기록이기 때문이다.

닐 콜스 엠비이
(PGA 유럽피언 투어 회장)

나는 겸손하고 사려 깊은 한 사람과 시간을 보낸 후에는 항상 기분이 좋아졌다. 이 책을 읽으면 왜 내가 그렇게 느꼈는지 알게 될 것이다. 그가 그립다.

조 가라지올라
(프로야구 애리조나 다이아몬드백스 아나운서)

카스텐의 혁신은 모든 골프선수에게 엄청난 영향을 미쳤다. 무엇보다 여자골프에 있어 솔하임컵만큼 찬란하게 빛나는 선물은 없었다.

주디 랭킨
(골프해설가, 1996~97 미국 솔하임팀 주장)

카스텐은 지금까지 내가 알고 지내온 사람 중 최고의 일꾼이었다. 그는 지치지도 않으며 일했고 또 그것을 즐겼다. 공손하고 배려할 줄 아는 사람이었던 그는 오랜 동안 직장을 얻지 못한 사람, 그 지역에 새로 이주해온 사람, 새로운 기회가 필요한 사람 등에게 일자리를 마련해주었다.

또 워낙 관대하고 베풀기를 좋아해 해마다 크리스마스 이브가 되면 노숙자를 위한 계획을 세우곤 했다.

빌 가렛트
(전 PGA 투어 선수)

카스텐은 놀랄 만큼 헌신적이고 성실한 사람이었다. 직원이나 투어 참가자에게 보여준 그의 호의와 친절은 모두의 가슴에 영원히 남을 것이다.

더그 트웰
(PGA 투어 2회 우승선수)

그의 용기와 신념, 성실을 우리는 언제나 존경해왔다. 골프업계 종사자들은 모두 그의 곧은 청렴정신을 사랑했다.

데이브, 샤론, 선데이 & 제드 월터스
(산타페 컨트리 클럽의 매니저들)

나는 항상 카스텐이 시대를 앞서간다고 생각해왔다. 플로리다에서 열린 PGA 투어에서 만났을 때, 그는 다른 골프클럽 회사들이 모두 자신의 아이디어를 흉내내고 있다며 흐뭇해 했다.

앤디 피셔
(전 LPGA 투어 선수)

—카스텐 솔하임이 세상을 떠났을 때 가족들이 받은 편지 중에서

핑 _{골프클럽} 50년 이야기

PING® 창업자 카스텐 솔하임, 샐러리맨에서 천재적 기업인으로

트래이시 섬너 지음 ｜ 은석준 옮김

|참솔|

이 책을
핑 골프클럽을 생산 · 판매하는 카스텐 매뉴팩튜어링의
모든 직원에게 바칩니다.

contents

c o n t e n t s

* 이 책의 본문에서 괄호 속의 작은 글씨는 모두 옮긴이 주입니다.

골프 클럽과 게임을 바꾸어놓은 사나이

타이 보타우
LPGA(미국 여성프로골프협회) 회장

카스텐 솔하임은 잘 훈련받은 엔지니어였고 끊임 없는 발명가였으며, 헌신적일 정도로 가정적인 참 신앙인이었다. 또 크고 작은 일의 혁신가이자 꿈꾸는 몽상가였다.

그는 매우 겸손하고 소박했다. 경제적으로 큰 성공을 거두고 골프 계에서 적지 않은 명성을 얻은 그였지만 결코 돈을 벌거나 이름을 떨치려고 사업을 시작한 것은 아니었다. 오로지 사람들이 골프라는 운동을 더 쉽게 느낄 수 있도록 하기 위한 열망에서 비롯되었다.

좀더 나은 퍼터를 만들고자 하는 그의 순수한 열정으로 인해, 골프 세계에는 수많은 새로운 골프용품이 생겨나는 혁명이 일어났다. 하 지만 그의 유산은 새로운 골프용품을 만들어낸 것 이상이었다.

카스텐은 언제나 그의 가족, 직원, 고객, 친구들 주위에 있으면서

그들의 골프경기뿐 아니라 삶의 질이 향상되도록 도왔다. 또한 경제
적으로 크게 성공한 그는 각종 골프경기와 어려움에 처해 있는 사
람·단체에 전에 없던 새로운 방식으로 그가 쌓은 부를 나누어줌으
로써 사회로 다시 환원시켰다. 생활고와 싸우는 학생이나 골프선수,
즉 꿈을 이루고자 애쓰는 사람들을 재정적으로 지원하는 프로그램
이나 건축비용 등을 자주 떠맡았는데 지금까지 그가 얼마나 많이 도
와왔는지 정확히 아는 사람은 아무도 없다.

지난 2000년, 내가 회장으로 있는 LPGA (Ladies Professional Golf
Association)는 창립 50주년을 맞게 되었다. 카스텐은 LPGA의 50년
역사의 반이 넘는 기간을 후원해왔는데, 그것은 LPGA가 세계에서
가장 성공적인 프로 스포츠단체로서의 위치를 차지하는데 크게 기
여한 요소 중 하나이다. 나는 여자프로골프계를 돕는데 카스텐 솔하
임보다 더 많은 일을 한 사람은 기억해낼 수 없다.

다른 부분에서 그랬듯, 그는 여자골프에서도 선구자였으며 신념을
행동으로 뒷받침했다. 그는 여성선수에게도 남성선수와 똑같은 기회
가 주어져야 한다고 생각했다. 각종 대회를 후원하고 여러 해 동안
수백 명의 여성선수를 지원하고, 솔하임컵을 시작함으로써, 그는 믿
음을 행동으로 옮겨 나갔다.

골프계에서 아주 특별한 이벤트 중 하나인 솔하임컵은 여자골프를
풍성하게 하겠다는 카스텐의 꿈의 실현이다. 1990년 카스텐과 그 가
족에 의해 시작된 솔하임컵은 단 10년 만에 여자골프대회에서 가장
뛰어난 국제경기로 발전하였다. 여성판 라이더컵으로 알려진 솔하임
컵은 LPGA 출신 미국 최고의 선수들과, 유럽 골프투어인 에비안 투

어의 유럽 최고의 선수들을 모여들게 한다. 솔하임컵에서의 기분좋은 기억과 통쾌한 순간은 운좋게 그 경기에 참가할 수 있었던 모든 선수들에게 소중한 추억으로 남을 것이다.

카스텐의 공헌을 나열하는 것이 그가 여자골프에 바친 헌신과 골프산업에 미친 영향을 보여주기는 하지만, 진정한 카스텐, 즉 그의 비범성과 성실함, 비전을 보여주지는 못한다. 나는 랄프 왈도 에머슨이 내렸던 '성공의 정의'가 카스텐과 그의 스타일을 가장 잘 설명한다고 믿는다.

자주 많이 웃는 것, 지적인 사람들의 존경을 받고 아이들에게 사랑받는 것, 정직한 비평가에게 존중받고 거짓된 친구의 배신을 참아내는 것, 아름다움을 감상하고 다른 사람에게서 최상의 것을 찾아내는 것, 건강한 아이를 낳거나 전원에 밭을 일굼으로써(또는 에머슨에게 미안하지만, 더 좋은 골프채를 만듦으로써) 세상을 조금이라도 나아지게 하거나 자연의 상태를 회복시키는 것, 당신의 존재로 인해 단 하나의 생명이라도 호흡이 더 쉬워졌음을 아는 것, 이것이 성공이다.

카스텐 솔하임은 성공 그 이상이었다. 그는 골프세계를 바꿔놓았으며, 우리는 그를 알게 됨으로써 더 나은 삶을 살 수 있었다. 여자골프의 발전에 카스텐 솔하임보다 더 위대한 천사는 없었고, 골프용품에서도 더 위대한 창조자는 없었다. 그가 남긴 위대한 유산은 우리 모두의 마음속에 오래도록 살아 있을 것이다.

이 책은 이렇게 시작되었다

루이제 솔하임

63년 8개월을 카스텐과 함께 한 부인

"어떻게 카스텐 솔하임은 골프사업을 시작하게 되었죠?" 나는 이런 질문을 수없이 받아왔다. 이에 대답하는 것은 간단한 일이 아니다. 대개는 더 많은 질문을 연속해서 불러일으킬 수 있기 때문이다. 대부분 나는 간명하게 대답하려 노력하지만 결과는 항상 똑같다. 상대방은 이렇게 반응하는 것이다.

"정말 흥미로운 이야기네요! 누군가 그 애길 책으로 써야겠어요!"

수십년간 나는 이런 말을 귀담아 듣지 않았다. 왜냐하면 골프산업에서 카스텐의 업적은 그동안 굉장히 많은 언론에 소개되어 왔기 때문이다. 모든 잡지, 특히 스포츠, 골프 잡지에 집중해서 말이다.

하지만 이 모든 매체에 소개된 기사에는 하나 같이 카스텐의 중요한 매력이 빠져 있었다. 그가 지닌 영혼의 모습을 짧은 글로 표현하기란 쉽지 않았을 것이다. 한해 두해 시간은 흘러가고, 솔하임에 대한 책이 언제 출간될 것인지 질문받을 때마다 나는 얼버무려 왔다.

1996년 초 마침내 그의 삶에 대한 책을 내기로 결정했을 때 나는 시카고에 있는 무디 신학대학의 총장 조셉 스토웰 박사와 계약맺고 그의 도움을 요청했다. 우리는 무디 신학대학 내에 솔하임센터가 건축될 때부터, 그러니까 10년 가까이 알고 지내온 사이다. 아들 1명과 10명의 손주 중 5명이 무디 신학대학에 다녔고, 그중 3명은 이미 졸업했다.

몇년이 지난 이제서야 책이 출간되는 데에는 카스텐 개인의 투입이라는 이유가 그 과정에 숨어 있다.

그의 파킨슨 병은 대화조차 힘들 정도로 깊이 진행되어 있었다. 누군가 출판을 위해 인터뷰를 원한다고 했을 때 "나에 대한 책이 나오는 것을 원하지 않아!"라며 그는 한사코 거절했다. 하지만 나는 이미 시작한 이 일을 그의 생전에 보게 해주자고 결심했다. 그러나 그는 제대로 협조하지 않았고, 책의 출간을 불과 몇개월 앞둔 채 끝내 저 세상으로 가고 말았다.

도대체 카스텐 솔하임을 필부필부와 구별되도록 했던 것은 무엇이었을까?

그는 담백한 취향을 가진 단순한 사람이었다. 56세의 늦은 나이에 골프용품사업을 시작하게 되었고, 그 회사의 사장이 되었다. 그러면서 회사에서 양복을 입고 넥타이를 매는 일은 없을 거라고 결심했다. 그로부터 25년 동안 그 결심을 한번도 흐트러뜨리지 않았다.

그는 골프 셔츠와 바지를 입었고 보석은 물론 결혼반지도 기계에 걸릴 수 있다며 끼지 않았다. 그의 시계는 수수하고 바로바로 A/S받을 수 있는 것이어야 했다. 또 1967년 우리의 첫번째 홍콩여행중 만난 양복재단사에게 30년 동안 계속 옷을 해 입었다.

항상 검소한 옷차림이었던 카스텐을 출입문의 신입여사원이 회장인지 알아보지 못해 가끔씩 웃지 못할 해프닝이 일어나곤 했다.

그는 음식에 대해서도 까다롭지 않았다. 다만 깔끔한 음식과 신속한 서비스를 제공하는 식당을 좋아했다. 그가 사랑한 음식은 구운 감자, 연어나 새우 같은 어류, 그리고 스프와 말린 완두콩이었다. 그는 디저트를 매우 좋아했고, 애플파이 「아 라 모드」는 특별히 즐긴 기호품이었다.

한편 카스텐은 복잡한 사고를 하는 사람이기도 했다. 사람들이 언덕을 터벅터벅 올라가서는 골짜기로 내려왔다가 또다시 다른 언덕 위로 올라가는 동안, 카스텐의 생각은 산꼭대기에서 산꼭대기로 점프하곤 했다. 정말 그는 그랬다. 그가 생각하는 대부분의 것이 내가 꿈꿀 수 있는 것보다 나은 것이며, 그것은 기다릴 만한 가치가 있다는 사실을 나는 일찌감치 알아차렸다.

몇년 전 우리는 영국에서 새로 사귄 친구들과 차를 마신 적이 있었다. 나는 바로 옆에 있던 한 숙녀와 대화를 나누면서 우리의 결혼 54주년 기념일이 며칠 전이었다고 말했다.

"54년 동안이나 같은 사람이랑 살았다구요? 아이구, 얼마나 지겨웠을까!"

카스텐과 나는 63년하고도 8개월을 함께 살았지만 지루하다고 느낀 적은 잠시도 없었다.

카스텐은 4개의 성공적인 직업경력을 가지고 있다. 우리가 결혼했을 때 그는 이미 4년 동안 자신의 신발수리점을 운영하고 있었고, 결혼 후에도 4년간 그 일을 계속했다. 그후 미라클 메이드라는 이름의 공랭식 주방용품을 판매하기 위해 세일즈맨들을 고용하고 훈련시켰다. 비록 2차세계대전 때문에 방해받기는 했지만 그는 이 일을 9년 동안 계속했다. 다음에 그가 한 일은 리안 항공, GE 등의 엔지니어였는데 모두 18년 동안 이 일을 했다. 그중 마지막 8년은 핑(Ping) 골프 회사의 초기 8년과 일치한다.

그는 제조하고 판매하는 일을 가장 사랑했다. 일을 할 수 있는 한 모두를 고무시키는 열정과 에너지를 가지고 매일매일 새로운 시간을 살아갔다.

2000년 2월 16일 카스텐이 사망한 후 우리는 전세계에서 쏟아지는 사랑과 존경과 애정에 압도되었다. 카스텐의 삶이 그렇게 많은 사람들을 감동시켰다는 사실은 우리에게 큰 위안이 되었다. 나는 그와 지상에서의 삶을 함께 하면서 너무도 큰 특권을 누렸다고 생각한다. 다시금 그에게 감사한다.

제1부

골프계의 토마스 에디슨

1

카스텐식 방법으로 전설이 되다

골프클럽 역사상 독보적인 존재

비전을 가진 사람, 획기적인 사고력을 지닌 혁명가, 재치 있는 천재! 이 말은 모두 카스텐 솔하임(Karsten Solheim)을 일컫는 찬사들이다.

그는 골프용품산업에 있어 타의 추종을 불허하는 흔적을 남겨놓았다. 오늘날 생산되는 거의 모든 골프클럽이 그의 디자인을 모방했다고 해도 부정할 사람이 없으며, 가장 인기있는 스포츠로 자리잡은 골프라는 게임을 그가 재창조했다고 해도 과언이 아니다.

카스텐은 직원을 다루는 것에서부터 자신의 제품을 만들고 판매하는 방식까지 사업을 운영하는 모든 것에서 자신만의 독특한 방법을 고수하는 인물이었다. 그는 간단한 문제든 복잡한 문제든 그것을 명쾌하게 해결하는 방법을 알고 있었다.

이제 우리가 그에게 어떤 형용사를 붙이든, 카스텐 솔하임이 스포츠로서 골프의 위상과 골프용품산업을 영구히 변화시켰다는 데에는 의심의 여지가 없다. 그는 골프를 즐기는 모든 사람들이 사용하는 골프장비에 뚜렷한 흔적을 남겼다. 그리고 골프용품 제조업체가 제품을 생산하고 판매하는 방식을 혁신해냈다.

21세기 들어 카스텐 솔하임의 핑(Ping) 디자인을 흉내내지 않은 골프용품은 거의 없다. 골프 제조업체들은 그의 아이디어를 그대로 사용하거나 그의 아이디어에 약간의 변화를 주어 자신의 제품을 만들었다. 또한 카스텐이 골프클럽에 대해 얻은 수많은 특허권은 이미 유효기간이 지났으므로, 새로운 용품들은 카스텐 제조회사에서 계속 만들고 있는 제품의 뻔한 모방품이거나 복제품에 지나지 않는 것이 대부분이다.

힐 토우(hill toe ; 힐은 클럽헤드 중 호젤에 제일 가까운 쪽이고, 토우는 호젤에서 제일 먼 곳을 말한다)와 가장자리 가중, 정밀주조법, 맞춤형 제작(이것은 모두 핑 클럽에서 개발한 핵심적인 것들이다)과 같은 창안은 현재 골프용품산업의 여러 방면에서 애용되고 있다. 오늘날 시장에는 핑의 앤서(Anser) 퍼터 클럽만도 수백 개의 모방품과 복제품이 있는 것으로 추정된다.

문제의식과 비전을 지닌 사람

카스텐 솔하임은 핑 골프클럽의 창안자이자 핑 클럽을 제조판매하는 카스텐 매뉴팩튜어링(Karsten Manufacturing Co.)의

1994년 LPGA 솔하임컵에서 미국팀이 우승한 것을 기념하여 카스텐과 아내 루이제, 2대 사장인 셋째아들 존이 백악관을 방문하여 빌 클린턴 대통령과 응접실에서 포즈를 취하였다.

창업자이다. 그는 항상 문제의식을 가지고 선수들이 골프경기에서 보다 나은 제품을 쓸 수 있도록 하겠다는 비전을 가진 사람이었다.

1950년대 말 카스텐 솔하임이 골프클럽 제조에 처음 발을 들여놓았을 때만 해도 모든 골프선수가 공통적으로 느끼는 문제가 있었다. 그것은 당시의 장비는 도무지 실력향상에 도움이 안 된다는 생각이었고, 믿을 거라고는 자신의 실력뿐이라는 마음이었다.

물론 장비 없이 경기를 할 수는 없겠지만 말이다.

카스텐의 상식으로는 골프선수가 자신의 장비에 익숙해져야 하는 것은 물론, 날씨나 코스 등 경기를 위해 고려해야 할 많은 변수가 있었다. 그런 변수들을 먼저 살핀 다음 그는 해결책을 모색했다.

명석한 카스텐은 문제를 조사한 후 원인을 밝혀내고 고칠 부분을 바로잡았던 것이다.

자신이 직접 골프를 시작한 후에 자신의 결점과 다른 사람의 애로점을 잘 파악하고, 골프용품에 어떤 변화를 어떻게 주어야 골프치는 이가 최대의 능력을 발휘할 수 있는지 알아냈다.

카스텐에게는 그렇게 할 수 있는 능력이 있었다. 다시 말해 골프를 치는 사람에게 방해되지 않으면서 도움줄 수 있는 골프클럽을 디자인하고 싶었던 것이다. 그 결과는 엄청났다.

퍼터(putters), 아이언(irons), 우드(woods) 등 핑 골프클럽은 세계에서 최고로 인기 있고, 어떤 모델은 동급 모델에서 가장 매출이 큰 제품으로 거의 반세기 동안 굳건하게 자리를 지켜오고 있다.

1966년에 처음 제조된 핑 앤서 퍼터는 카스텐의 첫번째 퍼터는 아니지만 당시까지 가장 성공적인 제품이었다. 그가 만든 최초의 퍼터를 기초로 하여 몇 가지를 개선한 모델 앤서는, 세계 5백 군데가 넘는 프로 토너먼트 경기에서 쓰이고, 지금까지도 가장 잘 팔리는 퍼터로 알려져 있다.

타이틀리스트 불스 아이, 윌슨 8802, 램 제브라도 인기가 높고 많이 팔리기는 했지만, 전문가들은 앤서가 역사상 최고의 매출을 올린 제품이라고 입을 모은다.

퍼터 시장에서 핑이 굳건하게 자리를 잡자, 60년대 초 카스텐은 아이언 설계와 제작에 들어갔다. 그 결과 또한 대단했다. 1982년에 출시된 핑의 아이 2(EYE 2)는 지금까지 만들어진 아이언 중 가장 인기 있는 제품이다. 아이 2는 어떤 다른 아이언보다 많이 팔렸으며 지금까지 제조되고 있다.

이처럼 카스텐은 자신의 아이디어 하나만으로 부자가 될 수 있었다. 하지만 그의 애초의 목표는 부자가 되는 것이 아니었다. 그는 단순한 사람이 아니었고 대부분의 자수성가형 억만장자와는 상당 부분에서 달랐다.

그는 처음부터 부를 축적하기 위해 사업을 시작하지 않았다. 오로지 가족에게 편안한 삶을 선물하고 골프를 즐기는 모든 사람이 자신의 경기력을 향상시킬 수 있도록 했을 뿐, 삶과 사업에서 결코 이윤과 부를 추구하지 않았다.

그에게 있어 돈은 자기 이외 다른 사람의 삶을 더욱 편안하게 해주기 위한 수단이었을 뿐 무엇보다 중요한 건 사람이었다. 공을 좀더 곧게 칠 수 있는 클럽을 만들고, 자신의 회사에서 일하는 수천명의 직원이 가족과 함께 안락한 삶을 살 수 있도록 하는 것. 그것이 그가 바라는 전부였다.

이 책을 통해 알게 되겠지만, 카스텐은 선천적으로 문제해결의 방법을 알고 있는 사람이었다. 이러한 능력을 바탕으로 그는 기라성 같은 골퍼들이 골프의 역사에 자신의 이름을 남길 수 있도록 도움을 아끼지 않았다. 그랬기 때문에 그는 부자가 될 수 있었을 것이다.

카스텐만의 방식으로 성공하다

사람은 끊임없이 발전하지 않으면 정체되고 경쟁에서 낙오자가 된다는 철학을 기본으로 카스텐은 사업을 운영해 나갔다. 카스텐 매뉴팩튜어링도 그 철학 위에서 성장했다.

처음 퍼터에서 아이언으로, 다음은 아이언에서 우드로, 그리고 우드에서 골프가방, 골프복, 골프공에 이르기까지 모든 종류의 골프용품과 액세서리로 사업의 영역을 확대해 나갔다.

카스텐처럼 성공을 원했던 대부분의 사업가들은 카스텐 매뉴팩튜어링에서 성공했던 상품을 판매하기 위해 대량 생산과 대량 마케팅, 거기다 가격까지 낮추어가며 카스텐과 경쟁했다. 하지만 카스텐은 그들과 다른 생각을 가지고 있었으며, 이런 독특한 방식은 피닉스에 위치한 그의 회사가 기업경영의 모범이 되도록 했다.

그는 판매량을 늘려 가격을 낮추기보다 최고의 제품을 만들고 최고를 알아보는 고객에게 믿음을 심어주는데 중점을 두었다. 적절한 가격을 유지하고 모든 제품은 한번에 하나씩만 주문받아 그것을 반복 제작한 것이다.

카스텐의 방식은 단순했다. 보다 나은 제품을 만들어 적절한 가격(생산자와 소비자 모두에게 적당한 가격)에 판매하는 것이었고 제품의 질이 저절로 드러나도록 노력했다. 이런 사업방식은 성공적이었다. 또한 골프대회에 참가하는 많은 실력 있는 선수들이 핑의 매출신장에 일조하기도 했다.

1967년 피닉스 오픈에서 쿠신 모델의 핑 퍼터를 사용한 줄리어스 보로스가 우승한 이후, 프로골프계의 거장들, 이를테면 남자선수로는 아놀드 파머, 잭 니클라우스, 게리 플레이어, 톰 와슨, 세브 발레스테로스, 닉 팔도, 폴 애진거, 여자선수로는 베시 롤스, 조앤 카너, 베스 다니엘, 주디 랭킨 등 수많은 선수들이 카스텐의 퍼터를 믿고 사용했다.

카스텐이 성공하기까지 상당부분 그의 제품을 사용하여 우승을 거머쥔 프로선수들의 덕분이지만, 그는 재능있는 아마추어 선수들이 그의 클럽을 사용함으로써 실력이 향상되는 것을 다른 무엇보다 즐거워했다.

처음부터 그의 목표는 사람들이 골프에 좀더 쉽게 다가갈 수 있도록 자신의 능력을 쓰는 것이었다. 골프를 치는 사람이라면 누구나 좀더 나은 클럽을 사용했을 때 더 잘할 수 있고 경기를 더욱 즐기게 되어 더 큰 만족감을 얻을 수 있다.

카스텐은 골퍼들이 운동에 더 많은 재미를 느낄 수 있게 된 것만으로도 만족스러워 했고 그의 클럽을 좋아하는 애호가로부터 이야기 듣는 것을 즐겼다.

또한 자신이 만든 용품을 사용하여 성적이 나아진 사람을 만나는 것을 좋아했다. 그래서 골프장, 공항, 레스토랑 등 어디서든 자신에게

전성기에는 핸디캡 5를 기록하기도 했던 카스텐은 프로-아마추어 대회에 출전하기를 즐겼다. 사진은 1994년 피닉스 오픈에서의 경기장면. 그가 빠지지 않고 매년 참가한 대회는 하와이언 오픈과 스탠더드 레지스터 PING 대회 등이었다.

다가와 골프경기에 혁신을 일으킨데 대해 감사하는 이들을 만나면 더없이 행복해 했다. 종종 그에게 사인받길 원하거나, 그와 이야기를 나누고 함께 사진 찍고 싶다며 사람들이 부탁해오면 그 요구를 흔쾌히 들어주었다. 오죽하면 그들과 이야기하는데 정신이 팔려 시간가는 줄 모르다가 비행기를 놓친 일도 여러번 있었다.

많은 사람이 카스텐 솔하임을 이상적인 경영자라고 생각한다. 그는 카스텐 매뉴팩튜어링에서 일하는 수천명의 직원이 일을 사랑하고 그들의 가족과 안락하게 살 수 있게끔 충분한 월급을 제공하는 회사를 만들기 위해 늘 노력하였다. 이런 그에게 직원들은 '카스텐'이라고 이름을 부를 정도로 격의없이 대했다. 그의 이런 태도는 직원들이 더욱 행복해지기를 바랐기 때문이지, 자신을 위해 열심히 일해주기를 바란 것은 결코 아니었다.

대부분의 사업가가 카스텐의 경영방식을 선뜻 받아들이지 못하지만 그 결과에 대해서는 한결같이 동의한다. 카스텐이 경제적인 면이나 인간관계 면에서 믿지 못할 정도의 성공을 거두었기 때문이다. 이에 대해 카스텐은 '하느님의 도움이 있었기에 가능했던 일'이라고 늘 입버릇처럼 말했다.

부자를 꿈꾸는 아빠들의 우상

누구든 자신의 사업을 키우고 그곳에서 성장하기를 바랄 것이다. 그리고 골프 천재 카스텐의 삶을 통해서 그가 지닌 열의와 성실, 하느님에 대한 믿음을 배우고 싶어할 것이다.

　노르웨이에서 태어나 세일즈맨, 엔지니어로 일해온 카스텐은 부호가 되려는 꿈을 지닌 사람에게 우상이나 다름없다.

　그는 인생 후반기에 대단한 업적과 부를 이루어냈다. 하지만 그는 다른 사람처럼 MBA를 거쳐 기업에 들어가는 등 엘리트 코스를 밟은 것은 아니었다. 오로지 일에 대한 열정과 끈기 있는 인내심으로 모든 것을 이룩해낸 골프계의 거목이다.

　카스텐을 알고 있는 대부분의 사람들은 그가 아주 좋은 사람이라고 말한다. 그는 박애주의자에다 정직하고 충직한 사업가, 지칠 줄 모르는 열정을 지녔고 가족을 사랑했다. 하지만 이런 카스텐도 완벽하지는 않았다. 동료들과 친했지만 사업에는 항시 적이 있게 마련 아닌가. 또 가족을 중요하게 여기고 사랑했지만 남편으로서, 아버지로서 본분을 다하지도 못했다.

　카스텐을 말할 때 항상 그는 창의성이 넘치고 새로운 감각의 귀감이 되는 인물이라고 하는 이들이 많지만, 매우 엄하고 고집스러우며 참을성이 없다고 말하는 이들도 있다. 심지어 그를 존경하고 사랑했던 이들조차도 대부분 "카스텐은 항상 자신의 방식만을 고집했습니다"라고 미소짓는다. 비범했지만 카스텐 역시 한 인간으로서 장점과 단점을 고루 가지고 있었던 것이다.

　카스텐의 삶을 자세히 들여다보면, 그가 자신의 꿈을 이룰 수 있었던 원동력을 발견할 수 있다. 그에게는 독특한 성격과 자신의 기업 그리고 사랑하는 가족과 남들은 가지고 있지 않은 전문적이면서도 특이한 고집이 있었던 것이다. 또한 오늘날의 결실을 맺기 위해 그가 얼마나 많은 인내심을 발휘했는지 알 수 있다. 그는 삶을 통해 사업,

경영, 마케팅, 제조, 그리고 자신이 성장하는데 필요한 자신만의 원칙을 만들고 다듬었다.

현재는 아들이 경영하고 있지만 애리조나주 피닉스에 공장을 일으켜 세우고 골프계의 거장이 된 카스텐의 삶은, 우리가 상상하는 것처럼 장미빛 인생만은 아니었다.

그는 어머니를 일찍 여위는 등 행복한 어린 시절을 보내지 못했다.

2

온갖 역경을 딛고 골프계의 황제로 태어나다

도무지 천재가 될 수 없는 환경

카스텐의 개인적인 삶에서 특히 어린 시절을 살펴보면, 훗날 그가 전설적인 사업가가 되었다는 사실과 상관없이, 어려운 환경 속에서도 의미있는 삶을 살았다는데 놀라게 된다.

그의 어린 시절은 고난의 연속이었다. 어머니 없이 성장해야 했고 유년기의 한동안은 아버지와도 떨어져 사는 등 어린 나이에 말할 수 없는 슬픔과 역경을 이겨내야 했다.

이런 환경이 훗날 그가 비사회적인 행동과 장애를 일으키는 원인이 되지 않았을까 생각하는 사람도 있을 것이다.

오늘날의 교육 관점에서 보면, 카스텐 같은 사람은 결코 훌륭한 사람이 될 수 없을 거라는 선입관을 가지는 것도 무리가 아니다. 하지만 카스텐은 자신의 어린 시절 상처를 장성한 후에 장애의 원인이 아닌, 열정과 인내심의 원천으로 승화시켰다.

카스텐을 잘 아는 이들은 그 역시 다른 사람들과 마찬가지로 결점을 가지고 있지만, 그는 좋은 사람이며 사랑을 베풀 줄 알고, 원만한 인간관계를 위해 끊임없이 노력하는 사람이라고 평가한다.

하지만 장점과 어느 정도의 결함을 가지고 있는 한 사람의 복잡한 삶을 보다 진지하게 이해하려면 우선 그의 과거부터 살펴보아야 할 것이다. 즉 기업가로서, 남편으로서, 아버지로서 그의 성공과 실패를 이해하기 위해서는 아무래도 지나온 역정을 알고, 그 과정을 이해한 다음에야 비로소 그가 발명가로서, 기업가로서, 남편으로서, 아버지로서 다방면에서 성공할 수 있었는지 알게 될 것이다.

카스텐 솔하임의 환경을 이해한다면 많은 사람들이 그를 빈틈없는 사람, 고집이 강하고 냉담한 사람, 대화를 모르는 사람이라고 평하는 이유를 짐작할 수 있을 것이고, 또 가진 것 없는 빈털터리였던 그가 20세기 골프계의 최고 거장이 된 데에 감탄할 것이다. 나아가 자신의 약점을 극복하고 인간에 대해 깊은 애정을 가진 박애주의자가 된 카스텐을 이해하는데 도움이 될 것이며, 그의 창의적인 천재성을 더 높이 평가할 수 있을 것이다.

엄마 없는 어린 아이

카스텐의 출생증명서는 그가 1911년 9월 14일 노르웨이 베르겐에서 태어났다고 알려준다. 하지만 몇 가지 이유로 가족들은 그의 생일을 9월 15일로 해왔다.

아버지 헤흐만 아드레아스 솔하임은 신발 만드는 일을 했다. 그는 카스텐이 한살 때 혼자서 미국 워싱턴주의 시애틀로 이민을 왔고, 이름을 헤르만 앤드류로 바꾸었다. 1년이 지난 후 그는 아내 라그나 코펜 솔하임에게 아들 카스텐과 함께 미국으로 건너오라는 전갈을 보냈고, 그들 모자는 미국으로 향하는 배를 탔다. 하지만 너무 어렸던 카스텐은 그때 일을 기억하지 못한다. 어머니에 대한 기억은 그녀가 관에 누워 있는 모습뿐이다.

그녀는 1914년 6월 27일 카스텐의 동생 레이먼드를 조산하고 곧바로 세상을 등지고 말았다. 카스텐은 세살이 채 못된 나이에 엄마 없는 아이가 되어야 했다. 시애틀에 도착하자마자 임신을 한 어머니는 미국행 배 안에서 당시 유행하던 결핵에 걸렸던 것이다.

어머니의 죽음으로 카스텐은 수년간 친척집을 전전하며 생활해야 했다. 부인이 세상을 떠난 후 카스텐의 아버지는 솔하임 가족에게 방 하나를 세주고 있던 에릭센이라는 노르웨이 친척에게, 카스텐과 갓난아기 레이를 부탁하고 자신은 일자리를 찾아 알래스카로 떠났다.

조산아인 레이는 태어날 때 몸무게가 2파운드에 불과한 아주 조그마한 아기였다. 에릭센은 아기에게 스포이드를 이용해 우유를 먹였으며, 스토브 위쪽 따뜻한 오븐 위에 신발상자를 두고 그 안에 순면으로 감싼 레이를 눕혀 체온을 유지시켰다. 놀랍게도 그런 레이는 자라면서 카스텐보다 키가 훨씬 커졌다.

에릭센의 집에는 네 자매가 함께 살았는데, 제일 큰 딸은 카스텐의 아버지보다 한살 더 많았다. 그들은 두 아이를 맡을 만큼 넉넉한 형편이 아니었다. 게다가 한 아이는 계속 돌봐줘야 하는 갓난아기였던 것이다. 할 수 없이 아버지는 큰 아이 카스텐을 힘멜스페치라는 독일 가정에 맡겼다. 그리고 약 1년이 지난 후 카스텐은 또다시 앤더슨이라는 스웨덴 가정으로 보내졌다.

카스텐은 처음 몇년 동안 거의 말을 하지 않았다. 세살 난 아이로서는 흔치 않게 어머니를 잃었고 아버지가 자신의 곁을 떠나는 것을 경험했다. 처음에는 노르웨이 말을 하는 집에서, 그리고는 독일 말을 하는 집, 그 다음 스웨덴 말을 하는 집을 전전하며 살았다. 게다가 주위에는 항상 영어를 쓰는 미국인들이 있었다.

그는 이상한 세계에 살았던 것이다. 어린 시절을 한 문화에서 또다른 문화로 옮겨다니며 언어가 달라졌으니 분명 혼란스러웠을 것이고 자신이 버림받았다고 느꼈을 것이다.

카스텐은 여섯살이 되면서 비로소 안정을 찾는다. 알래스카에서 돌아온 아버지가 에릭센 집안의 맏딸과 재혼한 것이다. 아버지와 새어머니 그리고 두 소년은 새로운 집으로 이사했다. 그들 형제에게 드디어 안정되고 영속적인 가정이 생긴 것이었다.

1922년 카스텐과 동생 레이는 일레인이라는 여동생을 맞았다. 3년이 지난 후 솔하임 가정에 또다른 아기가 태어났고 그 아이에게 마조리라는 이름이 주어졌다.

마침내 안정된 가정에서 성장하다

그렇게도 원하던 가정을 되찾았지만 카스텐은 거의 말이 없었다. 당시 그는 모국어인 노르웨이어를 거의 잊어버렸다.

새어머니는 훗날 카스텐의 부인 루이제 솔하임에게, 카스텐은 노르
웨이어라고는 '빵과 버터' 밖에 하지 못했다고 얘기할 정도였다.

카스텐을 더욱 힘들게 했던 것은 나이에 비해 체구가 너무 작아 학
교 다니는데 어려움이 있었다는 점이었다. 그가 학교를 좀더 일찍 다
녔다면 훨씬 더 빨리 영어를 배울 수 있었겠지만, 아버지와 새어머니
는 그가 일곱살이 될 때까지 밖으로 나다니지 못하게 했다. 그는 영
어를 어느 정도 할 수 있게 되어서도 초등학교 1학년 과정을 다시 해
야만 했다. 고등학교에 들어가서도 카스텐은 여전히 키가 작았고 18
세가 되어서야 성인의 키를 겨우 따라갈 수 있었다. 다른 아이들보다
두세살이 많았지만 키는 여느 아이들보다 작았다. 하지만 그는 주눅
들지 않으려 애썼고 자신을 당당히 내세웠다. 때문에 곧잘 반 아이들
과 싸움을 벌이기도 했는데, 이때 동생 레이는 집으로 달려와 엄마에
게 싸움을 말려달라고 도움을 요청하곤 했다.

카스텐은 아버지와 새어머니 그리고 동생 레이와 함께 자신을 둘
러싸고 있는 환경에 금방 적응해 나갔지만, 어린 시절 언어가 다른
가정을 떠돌며 받았던 상처는 그대로 남아 있었다. 그는 다시 가정을
떠나게 되거나 가족들이 자신을 떠나갈지 모른다는 두려움을 계속
안고 있었다.

어릴 적 에릭센의 집에서 자란 레이는 아들로 인정받아 종종 그들
의 집으로 초대되었고, 더러는 하룻밤을 묵기도 했다. 이때 아버지는
카스텐도 레이와 함께 보내곤 했는데, 카스텐은 다시 버려질지 모른
다는 불안감 때문에 종종 히스테리 증세를 보이곤 했다. 그가 너무도
심하게 울어대는 통에 막내 이모는 한밤중에 두 블록이나 떨어진 집

까지 그를 데려다주곤 했었다.

카스텐은 안정된 가정을 얻음과 동시에 처음으로 기독교를 알게 되었고 신앙을 갖게 되었다. 새롭게 형성된 솔하임 가족은 스칸디나비아 출신들이 거주하는 시애틀의 바라드 지역에 살았다. 크리스천이었던 아버지는 시애틀의 오순절 전도구역 베델 교회에서 가족과 함께 예배를 드렸는데, 그곳에서 카스텐은 기독교 신앙을 갖게 되었다. 그의 나이 7~8세 였을 때다.

수년이 지나서도 그는 새어머니와 함께 설교를 듣고 회랑을 걸어 나오면서 기독교를 받아들이던 순간을 생생하게 기억했는데, 당시 자신의 결심에 평화로움을 느꼈다고 기억했다.

그날 밤은 카스텐 솔하임이 오랜 신앙생활의 길을 걷게 한 첫걸음이었으며, 훗날까지 그는 자신의 삶과 사업을 성서의 가르침에 따라 이끌어 나갔다.

범상치 않았던 어린이

카스텐은 GE(제너럴 일렉트릭)에서 엔지니어로 일하던 40대에 골프용품사업에 손을 댔지만, 일찍부터 어떤 분야에서든 특별한 일을 해낼 거라는 조짐이 보였다. 천재성에 대한 암시는 그가 학교를 다닐 때부터 분명히 나타났다. 그 시절의 카스텐을 알고 있는 사람들은 하나같이 그가 골프용품사업이 아니더라도 틀림없이 다른 무언가를 이루어냈을 거라고 믿고 있다.

카스텐이 학교에 들어간 시기는 누가 보아도 늦은 것이 분명했다.

하지만 학교생활을 시작한 그는 못할 것이 없는 것처럼 보였다. 그는 어떤 공부든 이해했고 어떤 기술이든 완벽하게 습득했다.

어린 학생에게 흔하게 붙는 '재능 있는' 또는, '천부적 재능을 가진'이라는 말도 카스텐과 같은 학생에게는 과소평가의 수식어에 불과했다. 그에게는 수학도 쉬웠고 산업예술도 마찬가지였다. 자신 없는 과목은 노력을 통해 성공적인 결과를 만들었다. 학업은 말할 것도 없고 어떤 분야에서든 최고의 실력을 발휘했다.

처음에 그는 학업에 충실했지만 고등학교에 들어가서는 좌절감을 맛보아야 했다. 그는 별로 좋아하지 않는 과목이라도 A학점을 따기 위해 열심히 공부했고 시험에서 가장 우수한 성적을 받았지만, 그를 믿지 않은 선생으로부터 오히려 부정행위를 했다는 비난을 받았다. 낙담한 카스텐은 그때부터 공부하지 않기로 마음먹었다.

그는 특히 수학과 목공예에서 뛰어난 기량을 보였다. 그의 목공예 작품은 고등학생이 만든 것이라고는 믿기지 않을 정도로 정교하고 창의적이며 실용적이었다. 당시 목공예점을 운영하던 발라드 고등학교의 두 선생은 손재주가 뛰어난 카스텐을 서로 자기수업에 참여시키기 위해 언쟁을 벌이기도 했다. 언쟁의 결과가 나오지 않자 카스텐에게 차라리 목공예 수업을 듣지 말라고 얘기하기도 했다. 하지만 교장선생님이 책꽂이를 만들라고 지시했을 때, 그들은 그 일을 가장 잘할 수 있는 학생으로 카스텐을 추천했다.

카스텐이 만든 책꽂이는 뒷면에 그의 사인이 새겨진 채로 60년이 지난 지금까지도 이 학교에서 사용되고 있다.

당시 카스텐이 만든 여러 가지 목공예품은 60년이 훨씬 지난 지금까지도 루이제의 피닉스 집을 우아하게 장식하고 있다. 그리고 만들어졌던 당시와 똑같이 여전히 기능적이고 견고해 보인다. 집을 방문한 손님들은 가구를 만든 장본인이 당시 고등학생이었다는 사실에 매우 놀라고 신기해 한다.

카스텐은 우수한 기계공이기도 했다. 이 또한 그의 천부적인 소질인 것으로 보인다. 그에게는 사물이 작동하는 원리를 천부적으로 이해하는 능력이 있었고, 이것은 그가 골프제조업에 발을 들여놓았을 때 아주 큰 도움이 되기도 했다.

그에게는 기계가 작동하지 않으면 무엇이 잘못되었는지 파악하고 그 자리에서 그것을 고쳐놓을 수 있는 놀라운 재능이 있었다. 즉 기계를 면밀히 조사하고 분해해서 문제를 분석한 다음, 그것을 고치고 다시 조립하였다. 또 차와 엔진에 대해서도 곧 숙련된 기술을 익혔다. 이러한 기술은 그의 삶을 통해 아주 능숙한 경지에까지 이르게 된다.

어린 시절의 카스텐은 재능이 뛰어났고 아주 우수했다. 하지만 일이 뜻대로 되지 않는다고 해서 자신의 재능과 머리만 믿고 대충 하거나 포기해버리는 일은 절대로 없었다. 그의 인내와 성실은 아주 어린 시절부터 몸에 밴 것이었다.

일의 가치를 배우다

카스텐 솔하임을 알고 있는 사람들, 심지어 아내와 아이들조차 그가 지나치게 열심히 일하는 것에 단 한번의 불평도 늘어놓은 적이 없다.

카스텐의 어린 시절도 그점에서 마찬가지였다. 그는 초등학교 2학년생으로 아버지의 구두수선점을 도울 때부터 열심히 일하는 가치에 대해 배웠다.

오늘날에는 그 나이의 아이에게 방과후 일을 시킨다는 것이 잔혹하게 보일 수 있지만, 당시에는 흔한 일이었고 또 그것은 카스텐의 아버지가 가게를 운영하는 방식이었다.

카스텐은 빗자루를 쥘 수 있게 되자마자 아버지의 구두수선점에서 일했다. 아버지는 아들에게 학교수업이 끝나면 곧장 가게로 오도록 했고, 카스텐은 이후의 시간을 아버지와 함께 보냈다. 바닥을 쓸고 창문을 닦는 등 어린 나이에도 육체적으로 감당할 수 있는 일은 무엇이든 했다. 심지어는 카운터에서 손님을 상대하기도 했는데 그럴 때면 키가 너무 작아 상자 위에 올라서야만 했다.

점차 카스텐이 가게에 익숙해지자 아버지는 신발수선하는 일을 조금씩 가르쳐주었다. 손재주가 좋았던 그는 무리 없이 기술을 배울 수 있었고 어렸지만 신발을 수선할 수 있게 되었다.

고등학교 시절 그의 생활은 무의미하게 시간을 보내는 여느 고등학생과 달랐다. 그는 열심히 공부했고 삶의 목표를 가진 바쁜 학생이었다. 엔지니어가 되기를 원했던 그의 목표는 워싱턴대학을 졸업하는 것이었다. 카스텐은 좋은 성적을 얻기 위해 학업에 열중했을 뿐 아니라 대학에 들어가기 위해 아침 일찍부터 신문 돌리는 일을 하는 등 부지런히 돈을 모았다.

방과후에는 야구 시즌을 제외하고는(한때 카스텐은 학교 야구부에서

운동하기도 했다) 곧장 가게로 달려갔고 문닫을 때까지 일했다.

1931년 고등학교를 졸업한 카스텐은 시애틀에 있는 워싱턴대학에 입학해 그곳에서 기계공학을 전공했다. 하지만 대학에서 1년을 보낸 후 대공황으로 인한 경제난 때문에 학비가 턱없이 모자랐고 더이상 학업을 계속할 수 없었다.

아버지에게 손을 더 내밀 수도 없었던 그는 할 수 없이 대학을 그만두고 워싱턴주 포트 타운센드로 이사했다. 그리고 그곳 올베르그 백화점의 신발수리부에서 일했다. 하지만 그가 손에 쥘 수 있는 돈은 고작 하루에 1~2달러 정도가 전부였다.

신앙심이 깊었던 카스텐은 포트 타운센드에서도 줄곧 교회에 나갔다. 그러면서 지역 감리교회에서 봉사활동을 했다. 그곳에서 네빌이라는 한 농부를 알게 되었는데 그에게는 4명의 아들이 있었다. 네빌은 일요일이면 카스텐을 집으로 초대하고 저녁을 대접했다.

카스텐과 네빌 가족은 한가족처럼 매우 가깝게 지냈다. 카스텐 역시 종종 그들을 초대했고 한동안은 함께 지내기도 했다. 이때 카스텐은 네빌의 아이들에게 가죽으로 된 새총을 만들어주었는데, 그들 중 한 명인 윌리엄은 훗날 그 옛날 다윗이 사용했을 정도로 튼튼한 새총이었다고 기억했다.

카스텐은 곧잘 디스커버리 항이 내려다보이는 제방으로 네빌 형제를 데려가곤 했다. 그러면 아이들은 카스텐이 만들어준 새총으로 태평양을 향해 누가 가장 멀리 돌을 쏠 수 있는지 내기를 즐겼다. 45년 후 카스텐을 찾아온 윌리엄은 당시 갖고 놀았던 새총을 그에게 기념으로 건네주었다.

대학을 중퇴하고 다시 집으로

카스텐의 아버지는 구두수선점을 확장해 시애틀에 두 개의 가게를 냈다. 하지만 카스텐이 포트 타운센드로 떠나고 난 1년 후, 그는 병을 얻어 작업시간을 줄여야만 했다. 가게를 계속 유지하고 싶은 그는 어쩔 수 없이 아들의 도움을 요청했다. 결국 카스텐은 집으로 돌아와 두 가게 일을 도와야 했다. 두 가게는 서로 6블록 떨어진 NW 24가에 있었는데, 카스텐이 하나를 맡아 운영했고 그의 아버지는 나머지 하나를 운영했다.

솔하임 부자는 열심히 일하면서도 그들의 신앙적 믿음이 가게에 오는 손님에 의해 손상받지 않도록 노력했다. 네빌네 꼬마 중 한 명이 카스텐 가게를 방문했던 어느날, 손님으로 온 두 여자가 그의 가

아버지에게 구두수선점을 물려받으면서 카스텐은 초보적인 마케팅 기법을 익힐 수 있었다. 사진은 1930년 초반 시애틀에서 구두수선점을 운영하고 있는 카스텐의 모습.

게 안에서 욕하며 다투는 광경을 연출했다. 이때 카스텐은 아무말도 하지 않고 조그만 포스터를 찾아내 그것을 여자손님들 앞 카운트 위에 조용히 올려놓았다. 거기에는 이렇게 쓰여 있었다.

"하느님의 이름을 더럽히지 말지어다."

카스텐 솔하임은 어떤 일에 대해 지나치게 말이 많은 것을 좋아하지 않았다. 그것은 신앙생활에서도 마찬가지였다. 어릴 때부터 그의 삶에 신앙의 믿음이 깊숙이 자리잡고 있었기에 그는 말 대신 행동으로 자주 보여주었다.

그는 베델 교회를 다니면서 열심히 봉사활동을 했다. 그의 커다란 차는 항상 일요교회에 초대된 아이들로 가득했다. 그는 오후 예배가 끝난 후 종종 아이들을 특별예배가 열리는 다른 교회로 데려가기 위해 태우고 다녔는데, 그럴 때조차도 가는 길에 신발을 배달했다.

카스텐은 8년 동안 구두수선점을 운영했고 남는 시간은 교회에서 보냈다. 군부대와 계약을 맺은 이후부터 밀려드는 주문에 맞추기 위해 아침 일찍부터 저녁 늦게까지 일했다. 이때는 믿기 힘들 정도로 바쁜 시기였다. 하지만 이 무렵 카스텐은 자신을 좋아하는 한 여성을 만났는데, 그 여성이 바로 그와 평생을 함께 해줄 인생의 동반자가 되었다.

제2부

카스텐 메뉴팩튜어링의 시절

3
인생이 달라지는 순간

골프의 역사를 다시 쓰다

　많은 골퍼들이 공이 똑바로 쳐지지 않아 원하는 방향으로 공을 보낼 수 없다는 불만을 갖고 있다. 골프공을 지속적으로 똑바로 치는 것은 스포츠에서 가장 어려운 일 가운데 하나로 여겨지기도 한다. 어떤 이는 메이저리그에서 커브공을 치는 것만큼이나 어렵다고도 한다. 하지만 대부분의 경우 불만을 해결하기보다 골프클럽을 옷장 속에 넣고 먼지가 쌓이도록 내버려둔다.

　카스텐 솔하임은 그의 나이 42세 때 많은 골퍼들이 갖고 있는 불만에 직면했다. 그가 처음 골프를 칠 때 동료들은 그를 기다려야 했다. 그가 티(tee;그 홀의 플레이가 시작되는 장소 즉 제일 먼저 치는 곳)에서 공을 칠 때 페어웨이(fairway;티에서 그린에 이르는 잘 다듬어진 잔디)에서 시간이 너무 오래 걸렸고 특히 퍼트할 때는 더욱 힘이 들었다.

카스텐은 포기하지 않고 골프장비를 골똘히 연구한 끝에 왜 자신이 똑바로 공을 칠 수 없는지 깨닫게 되었다.

특별한 정신력으로 무장된 카스텐은 매사에 '할 수 없다'는 생각보다 '안 될 거야 없지'라는 긍정적인 생각을 했다. 이로써 그는 더 나은 골프게임과 골프클럽을 위해 어떤 변화가 필요한지 파악할 수 있었고, 결국 골프게임을 크게 변화시킬 수 있었다.

볼링이냐, 골프냐

솔하임 가족은 물론이고 회사 직원, 동료, 골프 파트너들은 모두 하나같이 카스텐이 완고한 사람이라는 것을 부인하지 않는다. 카스텐도 자신이 어떤 일에 깊숙이 파고드는 사람이라는 것을 스스로 인정했다.

그는 아무리 힘들고 시간이 많이 걸리는 일이라도 고집스럽게 결과를 이루어냈다. 누군가 어떤 일이 불가능하다고 생각해 손을 놓으면 카스텐은 그 일을 도전으로 받아들여 자신이 해내고야 말았다. 그에게 있어 해결하지 못할 기술이나 디자인 문제 따위는 없었다. 그는 모든 스포츠는 인내력과 필요한 장비만 갖추면 마스터할 수 있다고 생각했다.

제너럴 일렉트릭(GE)에 엔지니어로 근무하던 시절, 동료들과 처음 골프를 쳤을 때 자존심 상했던 기억이, 그로 하여금 골프클럽 디자인뿐 아니라 골프게임까지도 마스터하는 결과를 가져다준 것이다. 그는 스스로를 스포츠맨이라고 여겼다. 또한 자신이 어릴 때부터 일하지 않아도 되었더라면 훌륭한 축구선수나 야구선수가 되었을지도 모른다고 생각했다.

카스텐이 골프보다 먼저 시작한 운동은 볼링이었다. 그는 볼링을 시작한 지 얼마 되지 않아 뛰어난 실력을 갖추었고, 시러큐스 챔피언십에서 우승하기도 했다(볼링공을 샀을 때 손가락 구멍을 자신이 직접 뚫었다). 애버리지가 190 이상이었고 종종 600 시리즈를 기록하기도 해 프로투어에 참가할 수 있을 정도였다.

하지만 이루고자 노력하는 것은 반드시 해내고야 마는 카스텐의 집착이 볼링에 있어서는 단점이 되었다. 볼링의 매력에 푹 빠져버린 그는 일주일에 하루 저녁시간만으로 만족할 수 없어 세 개의 리그에 참가해서 볼링을 했다.

그렇지 않아도 많은 시간을 일하는데 쫓기느라 가족과 함께할 수 있는 여유가 없었는데, 그나마 퇴근 후의 시간을 으레 볼링과 함께하는 카스텐에게 아내 루이제는 매우 실망했고, 급기야 결혼생활에 금이 가기 시작했다.

루이제는 이 문제를 심각하게 받아들였다. 그녀는 남편이 오랜 시간을 직장에서 일하기 때문에 오락이 필요하다는 것을 이해했지만, 저녁시간은 집에서 지낼 수 있도록 가능하면 낮에 할 수 있는 스포츠를 권했다.

골프는 어떨까? 골프클럽으로 작고 흰 공을 쳐서 홀에 넣기만 하면 되니 얼마나 간단한가! 그래, 바로 골프야!

골프는 아주 쉬워 보였다. 카스텐은 골프클럽 세트를 구입하여 시간이 날 때마다 드라이브, 칩샷, 퍼트 등을 조금씩 연습했다. 그러면서 골프클럽의 디자인에 계속 의문을 가졌고, 어떻게 하면 좀더 나은 골프클럽을 만들 수 있을까 고민했다. 그리고 더 좋은 디자인을 찾기 위하여 반복해서 골프클럽을 변형했다.

이런 과정을 거쳐 마침내 그는 골프를 아주 잘 치게 되었다. 4년 안에 줄곧 80을 깨면서 5 핸디캡에 이르게 되었고 골프 우승컵과 트로피 등 많은 상을 받았다.

하지만 카스텐은 골프를 잘 치는 것에 만족하지 않았다. 그는 이왕이면 골프를 좀더 재미있게 만들기 위해서 골프클럽을 개조해야겠다고 다짐했다. 그리고 골프클럽이 더 많이 개선된다면 게임이 아주 재미있어질 거라는 결론을 내렸다. 바로 이런 노력으로 카스텐은 골프클럽 생산업계에서 크게 성공할 수 있었다.

그렇다면 그는 언제 어떻게 골프클럽사업을 시작하게 되었을까?

대박 터진 휴대용 TV 디자인

1953년 가을 아내 루이제와 아이들은 뉴욕 이타카에서 카스텐과 함께 살게 되었다.

카스텐이 이타카에 온 지 18개월 만인 1954년 8월, 그는 제너럴 일렉트릭에서 최초로 휴대용 TV를 만드는 프로젝트의 엔지니어로 임명되었다. 솔하임 가족은 또다시 시러큐스로 이사했다.

그는 깔끔하고 매력적인 금속 캐비닛을 디자인했는데, 이 작고 가벼운 TV가 안고 있는 한 가지 난처한 문제는 안테나였다. 기존 TV의 소형 안테나가 거추장스럽게 느껴졌던 그는 TV 포장디자인에서 볼트와 나사의 수를 줄일 수 있는 아이디어를 제안했고, 계단 아래로 포장된 TV세트를 떨어뜨려 보임으로써 볼트와 나사의 수는 적지만 가벼워진 이 디자인이 훨씬 튼튼하다는 것을 증명해 보였다.

휴대용 TV에서 카스텐의 아이디어가 가장 돋보이는 것은 소형 안테나를 TV에 부착할 수 있고, 또 접을 수 있도록 만든 것이었다.

프로젝트가 완료되어 조립단계에 들어갔을 때, 어느날 퇴근한 카스텐은 아내에게 말했다.

"회사 사람들이 이번 프로젝트에 대해 지나치게 불안해 하고 있어. 그 제품을 맘에 들어하긴 하지만 과연 휴대용 TV 시장이 있을지

카스텐이 제너럴 일렉트릭GE에 엔지니어로 근무하던 1954년, GE가 최초의 휴대용 TV를 개발하는 프로젝트에서 그는 TV 케이스와 토끼 귀를 닮은 안테나를 디자인했는데, 이때 200만대 판매라는 공전의 히트를 기록했다.

확신할 수 없으니까. 그래서 우선 4만 대 정도만 완성해서 국내시장을 시험할 계획이야."

그러나 카스텐이 짐작하듯 회사측에서 낙관하지 않았다는 것은 사실무근이었다. 몇 년 후 GE는 그가 디자인한 안테나가 부착된 휴대용 TV를 200만 대나 판매했고, 그 기념으로 카스텐에게 금으로 도금된 TV모델을 보내왔던 것이다.

카스텐은 시러큐스에 있는 GE에서 대단한 활약으로 성공을 거두었다. 하지만 그가 전세계 골퍼들에게 알려지게 된 순간은 개인적인 프로젝트를 통해서였다.

취미에 전문지식을 접목하다

카스텐이 직접 퍼터를 제작해야겠다고 마음먹은 것은 시러큐스에 있을 때였다. 그는 효과가 있을 것으로 예상되는 방향으로 퍼터를 만들었다. 알루미늄 바로 만든 간단한 블레이드 퍼터는 겉으로 보기에는 확실히 볼품이 없었다. 카스텐은 직장 GE 내에 있는 디자인 공장에서 힐과 토우에 중량을 달아주어 안정감을 느낄 수 있도록 개선했다.

퍼터의 솔에서부터 힐에 있는 공간을 도려내고 무거운 금속을 집어넣어 힐과 토우에 중량을 더해줌으로써 균형감을 개선한 것이다.

공장의 디자인 엔지니어는 카스텐에게 프로젝트와 관련없는 개인적인 작업은 곤란하다고 말했지만, 카스텐이 퍼터 하나를 완성해내자 그는 태도를 바꾸어 자기 것도 하나 만들어달라고 부탁했다. 그 역시 평소 퍼팅에 불만이 많았던 것이 분명했다.

카스텐의 작업 결과는 원하는 대로 되었다. 겉모양은 볼품없었지만 효과가 뛰어났던 것이다. 그리고 힐과 토우에 중량을 더해준 덕분에 골프 스코어가 급격하게 떨어지는 등 그가 구상한 효과가 확실하게 나타나 더욱 정확하고 자신있는 퍼팅을 할 수 있게 되었다.

비록 잘못 치더라도 퍼터 헤드가 사각형이었기 때문에 공은 정확하게 굴러갔다.

카스텐은 자신이 완성한 퍼터를 상품화하기 위한 작업에 들어갔다. 우선 그는 프로골퍼로부터 골프클럽 세트를 사서 시험해보았다. 손에 잡히는 감은 무척 좋았지만 공을 칠 때는 다른 것과 마찬가지로 만족스럽지 못했다. 카스텐은 그 골프클럽의 헤드에 중량 분포를 변형하는 시험을 시작했다.

결과가 어떻게 나올지 자신할 수 없었지만 더 나은 것을 만들기 위하여 도전했던 것이다. 중량을 주기 위해 구멍을 뚫고 무거운 금속을 집어넣어 균형감을 개선했다. 골프클럽의 모양은 마치 전쟁을 치른 무기처럼 엉망이었지만, 골프 스코어가 계속 떨어지는 아주 좋은 효과를 볼 수 있었다.

마침내 카스텐은 자신이 만든 새로운 퍼터를 사용해 골프게임에서 성공을 거두고 사업의 기반을 닦을 수 있게 되었다.

1956년 뉴욕 로체스터에서 US 오픈이 열렸을 때, 카스텐은 벤 호건의 경기를 보러 갔다. 그때는 몰랐지만 다른 코스를 경험하고 골프 전문가를 만나고 다닌 것은 다른 곳에서는 배울 수 없는 사업적인 아이디어를 접할 수 있는 좋은 기회가 되었다.

이때만 해도 카스텐은 훗날 자신이 '골프계의 황제'로 불려질 것을 짐작조차 하지 못했다. 그는 단순히 취미로 스포츠를 즐기는 엔지니어라고 생각했을 뿐, 자신이 개선한 골프클럽을 계기로 이 분야의 생산에 뛰어들게 되리라고는 생각지도 않았던 것이다.

공학적 전문지식을 자신의 취미에 접목한 것이 엄청난 결과를 가져오게 될지 그 누가 알았겠는가?

운명의 프로골퍼, 패트 마호니

카스텐과 루이제는 전에 살던 캘리포니아를 그리워했다. 어느날 집으로 돌아온 카스텐은 루이제에게 GE가 때마침 캘리포니아에서 컴퓨터 사업을 시작한다는 소문이 있다고 말했다. 며칠 후 그 소문은 사실로 밝혀졌다.

카스텐은 팔로 알토 시에서 새로운 컴퓨터 사업부 책임자로 내정된 간부를 찾아가 그곳에서 일하고 싶다는 뜻을 조심스럽게 전하면서 전출신청을 냈다.

솔하임 부부는 뉴욕의 생활에 집착하지 않았다. 하지만 너무 자주 이사하는 것은 쉬운 일이 아니었다. 무엇보다 루이제는 새로운 곳으로 이사할 때마다 교회가 있고 그곳에 청년회가 있는지 우선적으로 고려했다. 아이들이 교회활동에 쉽게 참여할 수 있고 친구도 금방 사귀게 하기 위해서였다. 카스텐 역시 교회 장년부에서 활발한 활동을 계속했다. 그리고 출근 전과 일이 끝난 후에는 어두워질 때까지 골프 게임에 매달렸다.

솔하임 부부는 이 모든 조건을 충족할 수 있는 시러큐스에 침실 7개와 욕실 5개가 딸린 집을 마련했다. 그 집은 6명의 가족에겐 너무 넓었지만 이로 인해 새로운 기회를 만나기도 했다.

루이제는 자신의 어릴 적 친구의 어머니인 마지 크로스 여사가 아이들을 입양해 키우고 있는 모습에 감동을 받아 7세와 15세짜리 여자아이 둘을 입양했다. 결국 동생은 문제아가 되었고 언니도 남자친구와 가출하긴 했지만, 루이제는 지금까지 자신의 결정을 후회하지 않고 있다.

1955년 루이제는 시러큐스에 본사가 있는 낙농업체 이스턴 밀크 프로듀서에서 통계기술자로 일하기 시작했다. 그곳에서 그녀는 보스턴, 뉴욕, 뉴저지 등지로 낙농업 공청회 등에 출장다니기도 했다. 또한 사보의 부편집장을 지내면서 자신의 일에 만족했다.

그러던 중 카스텐이 캘리포니아로 전출을 요청한 것이 승인되어 그들 가족은 또다시 서부로 이사하게 되었다. 외할아버지 크로지에와 함께 살고 있던 둘째아들 앨런을 제외한 다른 가족은 모두 1956년형 머큐리 스테이션 웨곤을 타고 대륙횡단 여행에 나섰다.

여행 도중 카스텐이 메디나 컨트리 클럽으로부터 경기에 초청받아 시카고에 들렀고, 옐로우 스톤 국립공원에도 들렀다. 큰아들 루이스는 대학공부를 계속하기 위하여 와이오밍대학에서 내렸다.

캘리포니아에 도착한 그들은 팔로 알토에 있는 한 모텔에 묵으면서 레드우드에 있는 집이 완성될 때까지 기다렸다.

카스텐은 GE의 컴퓨터 부서에 새롭게 발령받았고 최초의 은행 컴퓨터시스템인 ERMA라 불리는 프로젝트를 시작했다. GE와 아메리카

은행이 공동연구를 진행하여 금융산업에 혁신을 일으켰는데, 이때 그는 수표분류기와 관련된 연구를 했다.

카스텐은 새롭게 맡은 일이 즐거웠고 골프실력도 날이 갈수록 향상되었다. 그는 시간이 날 때마다 치핑과 퍼팅 연습을 했는데, 막내아들 존은 야드 한쪽 끝에서 야구장갑을 끼고 카스텐이 칩샷한 공을 받아내곤 했다.

코미디언 밥 호프Bob Hope와 카스텐이 PING 퍼터를 들고 버디 찬스를 기다리고 있다. 당시 이 둘은 한팀이 되어 피닉스 오픈대회에 참가하곤 했는데, 한차례 우승도 했다.

카스텐은 몇몇 지방 코스에서 경기했고 오래지 않아 국내 토너먼트에서 그의 이름이 알려지기 시작했다. 프로골퍼들은 매주 금요일마다 뛰어난 아마추어 골퍼들과 함께 소규모 프로-아마 토너먼트를 개최했는데, 카스텐은 이 경기에 매번 초청되었다.

그가 가장 좋아한 코스는 직장과 가까운 곳에 있던 팔로 알토 골프 클럽이었다. 그곳에서 자주 경기를 가졌는데 어느날 그는 한 프로골퍼와 대화를 하게 되었다. 바로 이 순간이 그의 인생과 골프경기를 바꾸어놓는 계기가 되었다. 그 프로골퍼는 패트 마호니였다.

"당신은 아주 일관되고 자신있게 퍼팅하는군요."

카스텐의 퍼팅을 유심히 본 그가 칭찬해주었다.

"제가 이 퍼터를 사용하기 전의 모습을 봤어야 하는데요."

카스텐은 마호니에게 자신이 만든 퍼터를 보여주었다. 하지만 퍼터 헤드가 공을 칠 때 뒤틀리는 것을 막기 위해 어떤 변형을 했는지는 얘기하지 않았다.

퍼터를 보고 대단한 것으로 생각하지 않았던 마호니는 퍼터의 디자인에 대해 얘기하진 않았다.

"만약 당신이 튀거나 미끄러지지 않고 공을 굴릴 수 있는 퍼터를 만들 수 있다면 백만 개는 능히 팔 수 있을 거요."

당시 보통 퍼터는 클럽 축의 한쪽 끝에서 추처럼 흔들리는 무겁고 평평한 금속으로 만들어져 있었다. 때문에 골퍼가 얼마나 부드럽고 세심한지에 관계없이 클럽헤드가 공을 치면 공은 구르지 않고 블레이드 면에서 떨어져 점프되거나 미끄러질 수 있었다. 즉 공이 힘을 잃고 그린에 착 달라붙어야 구르기 시작하는데, 골퍼가 그린을 읽는 것과 관계없이 공이 굴러가곤 했던 것이다. 공이 튀거나 미끄러지면 잘못된 방향으로 갈 가능성이 많아졌다.

마호니는 공이 그린에 구속되어 빨리 구르기 시작할수록 골퍼가 더욱 많은 샷을 조절할 수 있다고 말해주었다. 누구나 아는 사실이지만 골프의 실력을 구분하는 것은 퍼팅 실력이었다. 충분한 퍼팅 연습이 없다면 드라이브와 로프트, 칩샷이 얼마나 긴가는 크게 문제되지 않았다.

이때 카스텐은 공을 구르게 하는 퍼터를 만들고자 결심했다. 힐과 토우에 준 중량은 블레이드가 뒤틀리는 것을 방지했지만, 공을 치자마자 바로 구르도록 만들기 위해서는 어떻게 해야 할까?

그때부터 카스텐은 클럽이 공을 칠 때 튀지 않고 구르게 만들기 위한 디자인을 고민하기 시작했다. 그는 사무실에 돌아가 스케치에 들어갔다. 그의 인생뿐 아니라 골프게임까지 바꿀 아이디어가 탄생하는 순간이었다.

4

핑! 제국의 출발

골프계의 황제, 사업을 시작하다

"GE에서 만드는 물건이 아닌 것 같은데요."

제너럴 일렉트릭에 제품을 납품해 오던 카이저 기계공작소의 기술자는 카스텐이 건네준 스케치를 보자마자 이렇게 반응했다. 그것은 그동안 GE로부터 주문받아 오던 것과 전혀 다른 물건이었다.

도면에는 카스텐이 스케치한 골프 퍼터가 그려져 있었다. 카스텐은 퍼터가 공을 때릴 때 공이 튀지 않고 그라운드 위를 굴러가게 만들 방법을 찾느라, 각도와 중량을 이리저리 측정해보면서 만족스러울 때까지 도면을 그리고 또 그렸다.

마침내 그의 천부적인 공학적 재능은, 이전에 패트 마호니가 지적했던 기능이 나오는 퍼터를 디자인하는데 성공했다.

완성된 퍼터의 모양은 다른 골프클럽에 비해 뒤떨어졌지만, 카스텐은 자신이 디자인한 것이 더 우수하다고 믿었다.

퍼터에는 두 개의 블레이드가 평행하게 달려 있었는데 그 사이에 비틀림 바가 있었다. 또 뒷면이 힐이고 앞면이 토우인 블레이드 각 양쪽 끝에는 중량을 더해주어서 공을 칠 때 안정감을 느낄 수 있도록 했다.

처음에 카스텐은 비틀림 바를 사용해 기대하는 효과를 얻고자 했지만, 클럽헤드 중량을 줄이는 것이 핵심이라는 것을 깨닫게 되었다. 결국 패트 마호니가 그린 위에서 공이 튀지 않도록 퍼터를 디자인해보라고 제안한 것이 새로운 문제를 해결하는 계기가 된 셈이다.

자신이 디자인한 퍼터가 효과 있을 거라고 확신한 카스텐은 가까운 기계공작소로 달려가 스케치한 대로 조립해달라 부탁하고는 집으로 돌아와 다시 연구를 시작했다. 바이스에 퍼터 헤드를 올려놓고, 샤프트를 꽂을 구멍을 뚫고 몇번 더 개량을 거친 후에 비로소 그린에서 테스트할 준비가 되었다.

며칠 동안 방안에만 틀어박혀 퍼터를 완성한 그가 방에서 나왔을 때 가족들은 그를 알아보지 못할 정도였다.

카스텐은 항상 골프 연습을 열심히 했다. 특히 뉴욕에서 캘리포니아로 이사한 후에는 좋은 날씨 덕분에 연습의 기회가 더욱 많아졌다.

새로 만든 퍼터가 익숙하진 않았지만 첫번째 그것보다는 좋았다. 새로 만든 퍼터는 첫번째나 다른 퍼터들과 달리 공이 튀지 않고 그린 위로 잘 굴러갔다. 힐과 토우에 중량을 더해주었기 때문에 '스위트 스팟'(헤드의 중심)이 더 넓어졌고 그만큼 실수도 줄일 수 있었다.

카스텐이 새로운 골프클럽을 만들면서 예상하지 못한 문제가 하나

생겼다. 그것은 퍼터에 구멍이 뚫린 공간이 있었기 때문에 공을 칠 때 '핑' 하는 종소리가 울린다는 점이었다. 그는 이 소리에서 어떤 영감을 얻었다.

핑, 이름을 짓다

카스텐은 이제 자신이 디자인한 퍼터의 성능보다 그 소리에 더 관심을 갖게 되었다. 퍼터를 제품으로 출시하려면 이름이 필요했는데 카스텐은 그 소리에 영감을 얻어 '핑 퍼터' 라고 이름 지었다.

그는 부엌에서 요리하고 있던 아내 루이제에게 달려가 어린애처럼 물었다.

"이번에 새로 만든 퍼터의 이름을 '핑' 이라고 지었는데, 어때?"

"아주 좋아요."

사실 루이제는 그 이름이 좋은지 어떤지 별생각 없이 대답했다. 그녀는 남편이 골프클럽을 가지고 뚝딱거리는 모습에 익숙해졌지만 마음속에서는 다른 생각을 품고 있었다. 그녀에게는 카스텐의 아이디어보다 가족이 더 소중했다.

카스텐은 핑 퍼터를 생산하고 또 판매하고 싶었다. 이것을 구입하면 골퍼들의 성적이 향상될 것이라고 믿었다. '핑 1A'의 모양은 그 당시 출시된 다른 제품에 비해 뒤떨어졌지만, 한번 사용해보면 성능에 반해서 모양은 신경쓰지 않게 될 것도 확신했다.

그는 퍼터의 모양은 거의 신경쓰지 않고 기능성과 실용성만 중요하게 생각했다. 이제 이 새로운 퍼터는 시장에 출시될 준비가 조금씩 되어가고 있었다.

그동안 솔하임 가족에게는 많은 일들이 벌어졌다. 큰아들 루이스는 대학교 3학년이 되었고, 딸 산드라는 샌프란시스코에 있는 심슨 바이블대학에 입학할 예정이었다.

카스텐은 핑 퍼터를 제작·판매하는 사업에 둘째와 셋째아들 앨런과 존이 함께하길 바랐는데, 특히 존은 몇달 동안 집에 머물 예정이었으므로 더욱 그랬다. 그해 고교를 졸업한 앨런은 미해병에 입대할 예정이었다.

카스텐은 직접 디자인한 퍼터를 특허출원한 후, 레드우드에 있는 자신의 집 차고에서 제작준비에 들어갔다. 차고에는 사고를 당해 찌그러진 1951년형 카이저가 12개월 이상 방치되고 있었다. 차고에서 작업하려면 우선 차체부터 치워야 했다.

1957년 겨울 큰아들 루이스는 동생 앨런과 그의 친구 4명을 카이저에 태우고 교회에서 후원하는 아이스 스케이팅 파티에 참석하기 위해 샌프란시스코로 갔다. 레드우드로 돌아오는 길에 루이스는 스카이라인 드라이브에 있는 커브길에서 과속을 했다. 결국 차가 중심을 잃고 도로 밖으로 튕겨 나갔고, 안에 타고 있던 사람은 모두 밖으로 튕겨졌다(당시에는 안전벨트가 없었다).

병원에서 검사를 받으니 다행히 심각하게 다친 사람은 한 명도 없었다. 루이스는 부모님께 전화를 걸어 교통사고가 났지만 심각하게 다친 사람은 없다고 안심시켰다. 곧바로 병원으로 달려온 솔하임 부부는 아이들의 상태를 확인하고 안도의 숨을 내쉬었다.

사고난 자동차는 마치 팬케이크처럼 납작하게 찌그러져 있었다. 카스텐은 파손된 차체를 폐차장으로 보내지 않고 새로 지은 집의 창고로 가져왔다. 이유는 큰아들 루이스에게 안전운전의 교훈을 심어주기 위해서였다.

일년 만에 차고에서 그 흉물스런 물건을 꺼내 처분하자 가족들은 모두 환호했다. 이제 차고는 카스텐의 첫번째 퍼터인 핑 1A를 제작할 역사적인 장소로 쓰이게 되었다.

남다른 판매전략과 홍보전략

대부분의 사업가와 다르게 카스텐은 독립적으로 일을 처리했다. 시중에 나와 있는 대부분의 골프클럽은 단조가공으로 대량생산된 제품인 반면, 그는 사형주조방식으로 한번에 한 개씩 제작했다. 그리고 프로골퍼들에게 그가 만든 클럽을 사용하도록 권함으로써 그들이 효과를 홍보할 수 있도록 전략을 세웠다.

그는 레드우드에서 차로 한 시간 거리인 리치먼드에 있는 이스트 베이 브라스 공장에서 퍼터를 주물하기로 결정했다. 처음 그는 퍼터를 황동으로 만들었지만 아놀드 파머가 움푹 패인 황동 퍼터를 보여주자, 그제서야 황동이 퍼터로 사용하기엔 너무 약한 금속이란 것을 깨달았다.

이번에는 이스트 베이 브라스 주물공장의 사장인 조지 스튜어트를 찾아갔다. 조지는 카스텐에게 사형주조가 잘 되면서 강도도 매우 높은 망간청동을 권했다. 망간청동은 시간이 흐르면 검게 변하는 성질이 있지만, 카스텐은 더욱 멋스러울 것 같다고 생각했다. 이스트 베이 브라스 공장은 지금까지도 망간청동 퍼터 헤드를 주조하고 있다.

카스텐은 퍼터 헤드를 주문·생산하는 것이 너무 비싸 제품의 가격이 올라갈 수밖에 없어 고민하던 끝에 직접 밀링머신을 설치하기로 결정했다. 이리저리 알아보던 중 그는 1,100 달러짜리 중고 밀링머신 광고를 발견했다. 그리고 뱅크 오브 아메리카에 대출신청을 냈다. 은행에서는 1,100 달러 정도는 가능하겠지만 더이상은 곤란하다고 했다. 그는 신용대출을 받아 밀링머신을 구입했다. 훗날 그는 자신의 회사가 은행으로부터 돈을 빌린 것은 그때가 처음이자 마지막이었다고 회고했다.

밀링머신을 들여놓음으로써 카스텐은 퍼터 헤드를 주조할 주형을 직접 제작할 수 있게 된 것이다. 그는 시간이 날 때마다 힐과 토우에 중량을 더한 유별난 모양의 퍼터를 만들었는데, 퍼터에서는 종소리 비슷한 소리가 났다. 카스텐은 손으로 하는 작업은 익숙한 반면, 기계를 사용하는 가공에는 경험이 전혀 없음에도 불구하고 자신이 직접 작업하는데 거리낌이 없었다. 시간이 오래 걸리고 인내도 필요한 일이었지만 퍼터를 만들기 위해 밤늦도록 작업했다.

오래지 않아 카스텐이 만든 퍼터는 사람들의 주목을 받았고 주문이 들어오기 시작했다. 『스포츠 일러스트레이트』는 1959년 8월 24일자에서 핑 1A를 획기적인 제품으로 소개하면서 '뮤지컬 퍼터'가 탄생했다고 소개했다. 그 기사를 본 한 회사는 크리스마스 선물용으로 퍼터 100개를 주문하기도 했다.

갑자기 큰 주문이 몰리자 며칠 동안 쉬지 않고 작업해야 했다. 그

1959년 판매를 시작하자마자 주문이 몰려 솔하임 부부는 PING 퍼터 100개를 제작해야 했다. 이를 캘리포니아 레드우드에 있는 자신의 집뜰에 자랑스럽게 전시하고 있는 솔하임 부부.

당시 가장 큰 규모로 주문받아 제작한 클럽 100개를 뒷마당에 펼쳐 놓고 사진을 찍었는데, 솔하임은 그때의 사진을 아직도 자랑스럽게 보관하고 있다.

그때부터 퍼터사업은 가족 모두의 일이 되었다. 카스텐은 두 아들에게 퍼터 제작하는 방법을 가르쳤는데 특히 존에게 중점적으로 가르쳤다.

그들은 아버지로부터 가죽 손잡이 아래에 있는 카드보드 스트립을 제거하는 기술을 배우기도 했고, 클럽헤드와 샤프트를 연결하는 소켓인 호젤(클럽헤드에 샤프트가 꽂히는 부위) 구멍을 뚫는 방법도 배웠다. 샤프트를 호젤에 끼워 넣는 작업은 나무망치를 이용했다. 사형을 주조하는 법도 배웠는데 퍼터를 열처리할 때는 스토브 위에 저녁을 데워 먹기도 했다.

카스텐은 1A 퍼터에 대한 미국골프협회의 규격승인을 얻었고 미국 내의 특허출원도 신청했다. 애초 그의 계획은 퍼터를 주당 100개 정도 생산하는 것이었지만, 계획은 금세 커져서 일주일에 500개를 생산하는 것으로 변경되었다.

대부분의 소규모 사업가들은 잡지나 신문에 제품을 광고하는데 열심이었고, 대중에게 상품을 알리기 위해서라면 지방방송국에도 광고를 냈다. 그러나 카스텐은 달랐다. 그가 했던 유일한 광고는 상품에 대한 설명이나 제품의 성능 소개가 전부였다.

그는 시간이 날 때마다 골프클럽과 프로토너먼트 경기에 전념했고 연습용 그린에만 있었다. 그곳에서는 언제든지 퍼팅에 문제가 있는 골퍼들을 만날 수 있기 때문이었다.

사람들은 낡은 신발을 신고 이상한 모양에 재미있는 소리까지 나는 퍼터를 들고 다니면서 한번만 사용해보라며 권하는 카스텐을 아주 별난 사람으로 생각했다.

카스텐은 가족여행을 하든 운전을 하든 골프코스를 지나게 되면 어김없이 들리자고 고집을 부렸다. 그리고는 프로골퍼를 찾아가 핑 1A 퍼터에 대한 설명을 해주곤 했다. 당시 시중에서 살 수 있는 최고급 퍼터의 가격이 보통 13 달러 이하였지만, 카스텐은 자신의 퍼터 가격을 소매가 17.5 달러로 높게 책정했다.

핑 1A를 잘 아는 사람들은 쉽게 큰 성공을 거둘 것으로 예상했지만 초반에는 그렇지 못했다. 처음 시장에 출시되었을 때, 파라다이스 밸리 컨트리클럽에서 24개 등 여러 곳에서 주문이 들어오긴 했지만 대중들에게는 거부감이 있었던 것이다.

골프장에 퍼터를 공급하고 몇달 후에 가보면 하나도 팔리지 않은 경우도 있었다. 그럼에도 불구하고 그는 다른 사업방식과 타협하지 않고 계속 자신만의 방식으로 골프클럽을 생산·판매했다.

한번은 어떤 프로골퍼가 핑 퍼터를 사용해보더니 무료로 준다면 쓰겠다고 했다. 하지만 카스텐은 그의 제의를 단호히 거절했다. 만약 그 골퍼가 퍼터의 장점을 제대로 알았다면 기꺼이 돈을 내고 구입할 것이라고 믿었다. 이런 믿음은 오래전 그가 시애틀에서 구두수선점을 운영하면서 하이힐 가죽굽의 가격을 올렸을 때와 같은 사업철학에서 나온 것이다.

다시 말해 좋은 재료를 사용한 고품질 제품은 가격이 비싸더라도 잘 팔릴 것이라 믿었고, 자신이 만든 제품 역시 품질이 우수하기 때문에 전세계 골퍼들이 한번이라도 사용해보면 이 상품을 원하게 될 거라고 믿었다.

그는 자신의 제품을 이곳저곳 증정하면서 마케팅하기보다는 제값을 받으면서 판매하기로 결심했기 때문에, 핑 1A 퍼터를 사용하고 싶은 사람은 누구나 제값을 지불해야 구입할 수 있었다.

카스텐의 사업방식은 곧 효과가 나타나기 시작했고, 골프업계에서 핑 1A에 대한 관심도 높아졌다. 핑 퍼터를 사용해본 골퍼들은 대부분 성적이 향상되어 그 제품을 계속 사용하고자 했다. 핑 1A 퍼터의 명성은 입에서 입으로 전해졌고 특별한 광고나 마케팅의 노력 없이도 플로리다, 뉴욕, 위스콘신처럼 먼 곳의 골프용품점에서도 주문이 들어왔다.

그후 카스텐은 핑 1A에 이어 2A, 3A, 4A, 5A, 5B까지 시리즈를 만들었다.

이제 핑 클럽은 성공가도를 달리게 되었지만, 그때까지만 해도 솔하임 부부는 퍼터사업을 단순한 취미로 생각했다. 그는 이 사업을 열심히 했고 성공할 것으로 확신했지만, 자신의 진짜 직업은 GE의 기계 엔지니어라고 믿어 의심치 않았다.

GE는 카스텐을 뉴욕주 스케넥터디로 6개월 동안 전근 보내기로 결정했다. 이로 인해 카스텐의 골프사업에 지장이 생기게 되었다.

핑 퍼터는 매우 잘 팔리고 있었다. 광고를 전혀 하지 않았는데도 핑 퍼터를 사용한 몇몇 프로골퍼들의 성적이 향상되었다는 얘기가 입에서 입으로 퍼졌다. 또 당시로서는 아주 파격적인 고가도 사람들의 관심을 끌었다. 골퍼들은 가격이 비싼 만큼 무언가 특별한 장점이 있을 것으로 기대했기 때문이었다.

하지만 카스텐이 뉴욕주로 전근가게 되자 퍼터사업도 주춤하게 되었다.

레드우드에서 피닉스로

뉴욕으로 전근 간 카스텐은 새로운 분야의 일을 맡게 되었다. 그는 저온 물리학을 담당했는데, 대부분의 사람들은 이 분야를 불치병의 치료법이 발견될 때까지 생명체를 냉동하는 기술 정도로 여기고 있었다. 그러나 GE는 이 응용분야에 다른 아이디어를 갖고 있었다.

훗날 카스텐은 새로운 분야에서 일하는 것도 괜찮았지만 나중에

뱅크 오브 아메리카와 공동으로 진행한 ERMA 프로젝트에 다시 참여하여 금융업계를 혁신시킨 컴퓨터를 만들게 된 것이 더 기뻤다고 회상했다.

다시 6개월 만에 캘리포니아로 돌아온 카스텐은 아들 존과 함께 본격적으로 퍼터사업에 뛰어들었다. 루이제는 당시 레드우드에 있던 기계기록장치 제조회사인 암펙스에서 일하면서 카스텐을 도왔다.

가을이 되어 큰아들 루이스가 대학으로 돌아가자 집에는 막내 존만 남게 되었다. 산드라는 『선셋 매거진』에서 우편사무원으로 일했고 앨런은 해병 예비군에 입대했다.

1970년대 초반 최고의 아나운서였던 폴 하비Paul Harvey가 카스텐의 핑 골프클럽 공장을 방문하였다. 후에 카스텐은 폴 하비의 라디오방송국의 적극적인 후원자가 되었다.

카스텐과 루이제는 캘리포니아 마운틴 뷰에 있던 GE 연구소와 피닉스에 있던 컴퓨터 본사 사이를 매일 왕복해야 했는데, 이것은 무척이나 힘든 일이었다. 마침내 그는 출퇴근이 너무 힘들다는 이유를 내세워 피닉스로 전근을 보내달라고 요청했다.

1961년 2월, 카스텐의 요청이 받아들여졌다. 솔하임 부부는 피닉스에서 다시 집을 알아보기 시작했다. 그들은 차고가 크고 마당이 넓어 이웃에 피해주지 않으면서 퍼터사업을 계속 할 수 있는 집을 원했는데, 마침내 그들은 파라다이스 밸리에서 적합한 집을 발견하였다. 그 집은 시 경계부근에 있었고 면적이 2.5 에이커였다.

5년 동안 카스텐은 레드우드에 살면서 골프업계에 자신의 이름을 알리게 되었고, 핑 1A와 또다른 모델을 시장에 출시해 제법 많은 돈도 벌었다.

이제 피닉스로 이사한 카스텐은 그곳에서 카스텐 매뉴팩튜어링을 설립하여 큰 기업으로 키웠고, 미국에서 가장 성공한 사업가 중 하나로 우뚝 서게 되었다.

5

가족이 모두 달라붙다

차고에서 가족사업으로 시작하다

카스텐 매뉴팩튜어링의 피닉스 구내를 돌아보면, 이토록 큰 회사가 집안의 작은 차고에서부터 시작되었다는 사실이 믿기지 않을 것이다.

카스텐은 GE의 피닉스 공장으로 전근을 가게 되자 파라다이스 밸리에 집을 구했다. 그는 골프클럽을 제작할 공간이 필요했으므로 특별히 차고가 큰집을 원했다.

그때만 해도 퍼터사업은 규모가 작았으므로 온 가족이 일에 매달리는 것만으로 소화해낼 수 있었다. 막내아들 존은 처음부터 부모님을 도와 일에 매달렸고, 나중에는 다른 형제들도 아버지와 존을 따라 그 사업에 참여했다.

솔하임 가족이 피닉스로 이사할 무렵 존은 고등학생이었다. 그는 학교가 파한 오후 시간과 주말이면 으레 골프클럽을 디자인하고 제작하는 아버지를 도왔다.

카스텐은 존과 일하는 것을 특히 좋아했다. 함께 작업하는 것이 쉽지 않았지만 그에게 막내아들의 존재는 큰 힘이 되었다. 결과적으로 볼 때 이때부터 존은 카스텐 매뉴팩튜어링의 최고자리를 물려받을 준비를 해온 셈이다.

처음 존은 아버지의 퍼터사업을 단순히 가족의 생계유지를 위한 일이라고 생각했고, 아버지를 돕는 것은 당연한 일이므로 보수를 받는다는 것은 생각지도 못했다. 하지만 파라다이스 밸리로 이사한 이후 사정이 달라졌다.

지금은 번화가지만 당시에는 인구도 얼마 되지 않던 그곳에 가게

카스텐과 아들 존이 PING 앤서 아이언과 퍼터를 들고 있다. 존은 고등학생일 때에도 밤에는 자신의 집 차고에서 아버지에게 일을 배우곤 했다(1967).

가 하나둘 들어서면서 친구들은 일자리를 찾아 취직했다. 존 역시 용
돈을 벌 수 있는 일감을 원했다.

카스텐은 존이 계속 집안일을 하게 하려면 그에게 일한 만큼의 보
수를 주어야 한다는 사실을 깨달았다. 그때부터 존은 퍼터당 얼마씩
의 금액을 자기 몫으로 받게 되었다.

완고하고 무서운 아버지

한 사람이 아무리 재산이 많고 사회적으로 성공했
다고 해서 반드시 좋은 사람일 수는 없다. 어떤 사람은 자신의 삶을
더욱 발전시키기도 하지만 어떤 사람은 파멸의 길로 빠지기도 한다.

카스텐은 골프사업을 통해 엄청난 부를 이루기 시작할 때 이미 인
격적으로 성숙한 인간이 되어 있었다. 그는 아내 루이제에게 더 좋은
남편이 되고자 늘 노력했고 자식들과도 사업을 하면서 한층 가까워
졌다. 주변사람을 모두 사랑하고자 내공을 쌓았고 부하직원들은 그
런 카스텐을 보스로서 존경했다.

또 점차 나이가 들어가면서 하느님에 대한 사랑, 관대함, 친절함,
불우한 이웃에 대한 연민 등과 같은 미덕을 더욱 소중히 여기게 되
었다.

카스텐은 수준 높은 품질과 인내를 중요하게 생각했고 요행이나
겉만 그럴싸하게 포장하는 속임수는 절대로 용납하지 않았다. 하지
만 이런 그에게도 약점과 단점은 얼마든지 있었다.

심하게는 그를 괴짜나 미치광이라고 말하는 이들조차 있었다. 하

지만 그를 진정으로 이해하고 사랑하며 그와 함께 일해본 사람들은 있는 그대로의 그를 받아들였고 엄청난 영향을 받기도 했다.

카스텐의 자식들은 자신의 아버지를 천재라고 생각했다. 그들은 아주 간단한 아이디어로 시작해 거대한 기업을 일군 아버지를 존경했다. 하지만 그들이 아버지를 기쁘게 하거나 만족시키는 것은 너무나 어려운 일이었다. 물론 아버지가 그토록 엄했던 것은 자신들을 보다 강하게 키우기 위해서였다는 사실을 충분히 알고 있었다. 때로 그들도 다른 종업원과 같은 입장이었으면 좋겠다고 부러워하기도 했지만 시간이 지날수록 그들은 점점 더 아버지를 이해하고 우러러보게 되었다.

결국 4명의 자녀는 시차를 두고 모두 카스텐 매뉴팩튜어링에서 일하게 되었다. 앨런은 1961년 피닉스로 이사온 후 밤에는 GE에서 컴퓨터 엔지니어로 일하며 낮에는 아버지를 도왔다. 그리고 1963년 조앤 챈들러를 만나 결혼했다. 1967년에는 GE를 그만두고 카스텐 매뉴팩튜어링에 본격적으로 합류했다.

존과 앨런은 아버지와 함께 일했던 것이 매우 힘들었다고 기억한다. 예를 들어 퇴근 후 집으로 돌아온 카스텐은 저녁뉴스까지 보고는 그 밤중에 이제 일하러 갈 시간이라며 자고 있는 존을 깨우곤 했던 것이다. 그러면 존은 졸린 눈으로 겨우겨우 한 시간 정도 퍼터를 만들고 나서야 다시 잠자리로 들어갈 수 있었다.

그때는 자신이 혹사당한다고 생각했지만, 그 과정은 훗날 자신이 회사를 물려받을 준비를 하는 수업이었다는 사실을 나중에야 깨달을 수 있었다.

"그 당시 만들었던 퍼터는 지금 생산되고 있는 것보다 소장품으로서 수천 배의 가치가 있습니다."

이제 존은 즐겁게 그때를 회상할 수 있게 되었다.

일에 있어서 매우 까다롭고 고집스러운 완벽주의자 카스텐을 기쁘게 하기란 무척 어렵다는 것은 이미 잘 알려진 사실이다. 하루는 카스텐이 존에게 작업장을 청소해놓으라고 명령했다.

존은 몇 시간을 들여 캐비닛과 서랍까지 깨끗하게 정리했고, 아버지께서 정돈된 상태를 보고 흡족해 하실 거라고 기대했다. 하지만 그는 몇 시간 동안 보이지도 않는 서랍 속 깊숙한 곳까지 정리했지만, 정작 주로 사용하는 작업대 청소를 빼먹는 실수를 저질렀다.

직장일을 마치고 집에 돌아와 작업장을 둘러본 카스텐은 존에게 불같이 화를 내며 이런 식으로 일하려면 당장 그만두라고 불호령을 내렸다. 그러더니 신문의 구인광고면을 존의 눈앞에서 펼쳐보이며 말했다.

"네가 일하고 싶은 곳이 있으면 선택해보거라. 그럼 내일 출근하는 길에 데려다주마."

그날 밤 존과 앨런은 어떻게 하면 아버지의 화가 풀릴 수 있을까 궁리했다. 그들은 계획을 짰고 어머니에게 앞으로 어떤 일이 벌어지더라도 절대 놀라지 않도록 자신들의 계획을 미리 알려주었다.

다음날 아침 카스텐은 존에게 갈 곳을 결정했냐고 물었다. 존은 자신이 일하고자 하는 회사의 주소를 아버지에게 건네주었다. 카스텐은 아들이 면접보기로 한 곳까지 데려다주기 위해 존과 함께 집을 나섰다.

얼마 후 카스텐은 매우 화가 난 표정으로 집에 돌아왔다. 창가에 서서 집으로 들어오는 카스텐을 지켜보던 앨런과 루이제는 무슨 일이 일어날지 알고 있었지만 애써 모른 척했다.

"출근은 안 하실 거예요?"

루이제가 시치미를 떼면서 물었다.

"나중에 하지."

카스텐은 신문을 내려놓으며 다시 말했다.

"우리…… 아들 하나 잃게 생겼어."

"무슨 뜻이에요?"

그녀는 남편이 무슨 말을 하는 줄 뻔히 알면서 물었다.

"내가 존을 데려다준 곳은 바로 육군 모병사무소였어!"

그녀는 웃지 않으려고 애썼다.

"당신 잘못이야, 알아?"

"내 잘못이라구요?"

루이제는 하마터면 웃음을 터뜨릴 뻔했다.

"만약 차고가 제대로 정리되었는지 당신이 먼저 확인했더라면 이런 일은 없었잖아!"

"그래요? 그럼 당신이 그곳에서 직접 서명을 했어요?"

그녀는 존이 부모의 동의 없이 군에 지원할 수 없다는 사실을 알고서 남편에게 물었다.

"뭐라구?"

"모병사무소에서 말이에요. 존은 이제 겨우 17살이에요. 그러니까 아버지 허락 없이는 입영이 안 된다구요."

그제야 카스텐은 안심이 되었다.

그 사이 앨런은 존을 태우러 나갔다.

집에 돌아온 존은 무엇을 어떻게 해야 좋을지 몰라 우두커니 서 있었다. 그는 어머니에게 물었다.

"이제 어떻게 해야 하죠?"

"아버지가 말씀하신 대로 차고나 정리하지 그러니?"

존은 사용하기 편리하도록 차고를 깨끗하게 정리정돈했다. 그날 저녁 집에 돌아온 카스텐은 아들이 열심히 일하고 있는 모습을 보고 만족스러운 듯 말했다.

"바로 이런 모습이 내가 원하는 너의 자세야."

이 말은 카스텐이 처음으로 존에게 던진 칭찬에 가까운 말이었다.

존과 앨런, 루이스는 아버지와 함께 40년 넘게 골프사업을 해오면서 사업의 기초부터 배울 수 있었고, 결국 그 사업은 '아버지가 원하는 방향'으로 가야 한다는 것도 받아들이게 되었다.

카스텐은 거대하고 복잡한 공장에서 수천 명의 종업원이 일하는 모습을 볼 때마다 사업을 처음 시작하던 시절을 떠올렸다. 존 역시 회의를 하거나 예산을 편성할 때, 또 새로운 골프클럽을 디자인할 때마다 아무 것도 없이 골프클럽을 만들기 시작하던 그 시절의 경험을 되살렸다.

하느님, 차라리 망하게 해주세요!

피닉스로 이사를 와서도 루이제는 남편의 사업을

적극 도왔다. 재고량을 파악해서 주문서를 작성하고, 골프클럽을 부치고, 장부를 작성하는 등의 일을 하느라 다른 직업을 구하는 것은 꿈도 꾸지 못했다.

그녀는 1958년 암펙스에서 생산관리요원으로 일하면서 판매예산, 생산예산, 인력예산, 자금흐름 등 예산에 관련된 일을 접해본 경험이 있었기 때문에 이런 일들을 쉽게 해낼 수 있었다. 마치 지나온 모든 삶들이 카스텐 매뉴팩튜어링에서 일하기 위한 준비과정이었던 것처럼 보였다. 하지만 루이제는 사랑하는 아이들과 떨어져 지내야 하는 것이 늘 불만이었다.

큰아들 루이스는 와이오밍대학 전자공학과를 졸업한 후 샌디에고에 있는 IBM에서 일하기로 되어 있었고, 둘째아들 앨런은 GE의 캘리포니아 회사의 영업부에 입사할 예정이었다. 외동딸 산드라는 먼로 파크에 있는 『선셋 매거진』에서 일하고 있었다.

처음부터 그녀는 직장을 그만두지 않는 한 퍼터사업은 퇴직한 후에 해도 늦지 않다고 생각했던 터라, 직장생활과 퍼터사업을 병행하느라 눈코 뜰 새 없이 바쁜 카스텐이 그다지 탐탁치 않았던 것이다. 무엇보다 카스텐이 어쩌다 한번이라도 골프 때문에 주일예배에 참석하지 못하는 것이 못마땅했다.

카스텐은 여전히 하느님을 사랑했고 성경말씀대로 사업을 운영해가고 있었으며, 예전만큼 열심히는 아니지만 교회에도 계속 다니려고 노력했다. 그러나 항상 골프게임, 토너먼트, 사업 등에 많은 신경을 쓰다보니 주일예배에 소홀하게 될 수밖에 없었다. 바로 이런 점이 그녀를 속상하게 했다.

루이제가 골프사업을 못마땅하게 여기게 된 데는 이런 문제만 있는 것이 아니었다. 그녀는 마치 자신이 착취당하는 것처럼 느껴졌다. 그리고 만약 자신에게 선택권이 있다면 지금 하고 있는 일을 당장 그만두고 싶은 마음도 들었다. 카스텐은 새로 시작하는 이 퍼터사업에 대해 그녀에게 어떤 의논도 하지 않았다. 그녀는 남편의 이런 점이 싫었던 것이다.

거기다 그들이 피닉스로 이사왔을 때 카스텐은 GE의 엔지니어로 일하고 있었고 존도 학교에 다녀야 했다. 그러니 그들이 없는 동안에 퍼터 만드는 일을 계속 할 사람은 루이제밖에 없었다. 선택의 여지가 없었던 것이다. 물론 존은 학교수업을 마치고 난 오후부터 퍼터제작을 도왔고 카스텐이 없는 동안에도 자신이 맡은 일을 능숙하게 해냈지만 말이다.

루이제는 주문을 처리하고, 퍼터를 선적하고, 고객에게 송장을 보내고, 수입을 유지하고, 은행에 돈을 입금하는 등 기본적인 일로 퍼터사업의 운영을 맡고 있었다.

그녀는 돈과 송장이 동봉된 우편물이 배달되면 그것을 처리해야 했다. 어떤 날은 너무 많은 일거리에 지쳐 서류를 몽땅 벽난로 속에 던져 태워버리고 싶은 충동까지 느꼈다.

언젠가 그녀는 교회의 목사님께 가족사업에 대한 자신의 불만을 털어놓았다. 그것은 그녀가 맡은 일이 너무 많은 것에 대한 종류의 불만이 아니었다.

단지 자신이 하느님을 기쁘게 해드릴 수 있는 무언가를 찾지 못하고 있다는 점 때문에 괴로웠고, 한편 골프를 치기 위해서 주일예배를 드리지 않는 골퍼들을 생각하면 퍼터사업은 올바르지 않은 것 같아 마음이 몹시 불편했다.

애기를 다 들은 목사는 카스텐이 돈을 목적으로 골프사업을 벌이는 것만 아니라면 '골프클럽을 만드는 것은 옳은 사업'이라고 결론 내려주었다.

그녀는 카스텐이 돈을 목적으로 퍼터사업을 하는 건 아니라고 자신있게 말할 수 있었다. 오히려 남편은 돈이 얼마가 나가고 들어오는지 거의 신경쓰지 않으면서, 단지 청구서가 제때 지불되었는지만 확인한다고 불평했다. 그리고 이런 카스텐의 행동은 틀림없이 아내가 하는 일이 완벽하게 처리되었는지 의심하기 때문이라고 불쾌하게 생각했다.

날이 갈수록 루이제의 불만은 커져갔다. 그녀는 이제 우편물도 지겨웠고 앉아서 일을 처리하는 것도 참을 수 없었다. 참을 만큼 참아보았지만 뜻대로 되지 않았고 마침내 주문서를 태워버리고 싶은 충동은 절정에 달했다.

자신의 통제할 수 없는 마음에 더럭 겁이 난 그녀는 지금이야말로 긴 세월 지니고 있던 믿음에 깊이 의지할 때이고, 하느님께 호소할 수밖에 없다고 생각했다. 절망적인 심정이 된 루이제는 침실로 들어가 무릎을 꿇고 흐느끼면서 기도했다.

"하느님, 저를 도와주소서. 퍼터가 팔리지 않아서 이 사업을 접을 수밖에 없게 해주시거나, 아니면 저로 하여금 이 사업을 받아들일 수 있게 도와주시옵소서."

기도를 마친 루이제는 자신의 자리로 돌아왔다. 만약 하느님이 자신들이 하는 사업에 축복을 내려 더욱 번창하게 하신다면, 그것은 하느님께서 사업을 받아들이라고 말씀하시는 것이리라 짐작했다.

더이상 원망만 하면서 지낼 수는 없었다. 카스텐은 루이제의 이런 마음의 동요를 알아차리지 못했다.

일주일 후, 평소처럼 잠자리에서 일어난 루이제는 그녀의 책상(실제로는 가족이 함께 사용하는 식탁)으로 갔다. 그날 카스텐과 존은 볼일이 있어 나가고 없었다. 그녀는 여느 때처럼 일하기 시작했고, 바쁘게 일하다보니 자신이 그 일을 더이상 꺼리지 않게 된 사실을 깨달았다. 그리고 하느님께서 자신으로 하여금 자연스럽게 골프클럽 사업을 받아들이도록 하신다는 것이 느껴졌다.

그때 핑 퍼터사업은 예상을 깨고 성장하기 시작했으며 루이제는 이 모든 것을 하느님께서 도와주셨다고 믿었다. 핑을 잘 알고 있는 사람이라면 누구나 카스텐이 골프클럽 사업에 성공한 데는 루이제가 결정적인 역할을 했다고 입을 모은다.

카스텐은 곧잘 루이제를 '나의 눈과 귀' 또는 '나의 메모리'라고 치켜세우곤 했는데 그 말은 꼭 맞는 정확한 표현이었다. 루이제는 솜씨가 뛰어나고 지각력이 있는 사람이었다. 그녀에게는 카스텐이 갖고 있지 못한 여러 가지 장점이 있었고, 골프클럽 사업을 성공으로 이끈 갖가지 아이디어의 촉매 역할을 감당하기도 했다.

마지막으로 장남이 합류하다

장남 루이스는 카스텐 매뉴팩튜어링에 가장 늦게

합류했다. 처음 루이스는 아버지가 함께 일하자고 제안했을 때 완곡하게 거절했었다.

카스텐 매뉴팩튜어링이 설립되기 이전에 카스텐과 루이스는 서로 경쟁관계에 있던 GE와 IBM에서 일하고 있었다. 그들 사이에는 이미 어떤 견제심 비슷한 감정이 흘렀지만 문제가 되지는 않았다. 나중에서야 루이스는 아버지가 자신과 함께 GE에서 일하고 싶어했다는 사실을 눈치채게 되었다.

루이스는 20년 동안 IBM에서 일했다. 카스텐이 처음으로 루이스에게 피닉스로 오라고 제의한 것은 1970년경이었다. 하지만 그때 루이스는 IBM과학연구센터의 새로운 부서에서 일을 맡게 되었고 그곳에서 일하는 것이 만족스러웠다.

한번은 카스텐이 루이스에게 컴퓨터 전문가로서, 카스텐 매뉴팩튜어링에 몇 대의 컴퓨터가 필요한지 평가해달라고 부탁했다.

"아버지, 제가 IBM의 직원으로서 드릴 수 있는 말씀은 IBM 컴퓨터를 사용하라는 것뿐이에요. 하지만 제가 아버지 회사를 방문해서 평가한다면, 아버지가 조직구성을 이해하도록 도울 수는 있어요."

루이스는 솔직하게 대답했다.

카스텐은 MBWA(Management By Walking Around ; 현장경영)를 남보다 먼저 도입했다. 워낙 아무 것도 없는 상태에서 시작한 그에게 못할 일이란 없었다. 그의 여러 재능 중 가장 뛰어난 능력은 어떤 단계에 무슨 개선이 필요한지 찾아내고 바로 해결방법을 모색해낼 수 있다는 점이었다.

카스텐은 직접 몸으로 부딪혀 문제를 해결했고 머리회전도 빨랐기 때문에 처음에는 컴퓨터가 거의 필요없었다. 루이스는 조직구성을 도표로 그린 다음, 아버지에게 원하는 컴퓨터업체에 그 도표를 보여주고 효율성을 높일 수 있는 부분을 찾게 하라고 조언했다.

"아버지 회사의 시스템은 이미 효율적으로 구성되어 있기 때문에 컴퓨터의 도움이 거의 필요하지 않을 정도였어요. 아버지가 만났던 대부분의 컴퓨터 판매사원들은 무턱대고 컴퓨터가 좋다고만 선전했던 거예요."

루이스는 당시를 회상했다.

다른 형제들의 도움으로 루이스도 카스텐 매뉴팩튜어링에 점차 관심을 갖기는 했지만 본격적으로 일하게 된 것은 그로부터 5년이 훨씬 지나서였다. 루이스는 아버지의 모험이 성공궤도에 오를 때까지 기다리지 않고 바로 아버지의 사업에 동참하기 위해서 한참 잘나가던 IBM을 그만두었다. 하지만 카스텐은 루이스가 시간을 끈 것에 대해 조금 서운해 했고 끝내는 못마땅해 했다.

어린 시절 루이스는 아버지와 체스게임을 하면서 중요한 가르침을 얻었다.

"그 수는 두지 마라. 네가 그렇게 두면 난 이렇게 받을 거야."

카스텐은 이렇게 말하곤 했다. 루이스는 이런 경험을 통해 미래를 내다보고 분석하며, 어떤 일의 결과를 예측하는 '수읽기'의 능력을 기를 수 있게 되었다.

루이스가 회사에 들어오자 카스텐은 전 같으면 생각지도 못했던 일을 수용해주는 등 태도를 획기적으로 바꾸었다. 카스텐은 루이스처럼 머리를 쓰는 직원이 필요했던 것이다. 루이스는 점차 다른 사람이 할 수 없는 많은 업무를 맡게 되었다.

처음 그는 격려나 칭찬을 할 줄 모르는 아버지와 자신이 과연 잘 맞을 수 있을지 걱정했다. 루이스가 아버지에게 받은 유일한 칭찬이라면, 어릴 적 체스게임에서 아버지를 처음으로 이겼을 때였는데, 그것도 이튿날 아침에 지나가는 말투로 "좋은 게임이었다"라고 툭 던진 것뿐이었다.

이처럼 루이스는 아버지와 좀 어색하고 딱딱한 관계에 익숙해 있었기에 굳이 아버지의 칭찬이나 관심을 받지 못해도 별 상관이 없었다. 다른 직원들이 카스텐의 칭찬 한마디가 듣고 싶어 안달하는 모습을 볼 때 오히려 다행이라는 생각마저 들었다.

루이스의 첫번째 임무는 사무실을 재배치하고 평일 고객서비스의 사생활 측면을 강화하는 일이었다. 그는 두 개의 A/S창구를 설치하여 불만이 있는 고객에게 해결책을 적극적으로 찾아줌으로써 어떤 고객이든 만족감을 얻을 수 있도록 고려했다.

이튿날 루이스는 우연히 카스텐이 다른 직원에게 "정말 잘했네"라고 칭찬하는 소리를 듣고 깜짝 놀랐다. 사실 그동안 카스텐은 가족관계가 아닌 직원에게는 칭찬과 격려를 아끼지 않았던 것이다.

성공의 문턱 - 앤서 퍼터

1963년 아직도 카스텐은 GE에서 일하고 있었지만, 사업이 점차 확장되자 그의 가족들은 모두 골프사업에 동참하여 있었다. 그해 루이제는 애리조나 주립대학에서 국제무역론 강의를 듣게 되었다.

남아프리카 공화국에 있는 요하네스버그에서 앨런 헤닝이 사용하는 것과 같은 퍼터를 주문하는 편지가 왔다. 루이제는 피닉스에 있는 연방정부 상무부로 가서 해외판매를 위한 방법을 문의했지만 절차가 너무나 복잡했다. 해외판매는 포기하고 대신 선물로 퍼터 두 개를 보내주었다. 이 일을 계기로 루이제는 국제무역에 대한 공부를 시작하게 된 것이다.

1964년 가을, 고등학교를 졸업한 존은 텍사스에 있는 르투르노대학에 다니느라 6개월 정도 집을 떠나 있었다. 그후 애리조나 주립대학에 새로 입학했고 다시 집으로 돌아왔다. 이때가 존이 유일하게 집을 떠나 있던 기간이었다.

사업이 커질수록 솔하임 부인은 자신의 너무 많은 일이 힘겹게 느껴졌다. 그래서 그녀는 이웃에 살던 폴리 호그를 고용했다. 폴리는 가족을 제외한 수천명의 직원 중 최초의 직원이 된 셈이다.

카스텐은 PGA(미국프로골프협회) 투어를 따라다니느라 여행을 많이 다녔다. 그는 자신이 만든 퍼터를 프로골퍼에게만 판매하고, 또 주문생산하기로 마음먹었다. 절친한 친구이자 경쟁자이면서 후에 램 골프의 회장이 된 짐 한스버거와 함께 골프여행을 자주 다녔다. 한스버거는 카스텐이 고집스럽게 투어 선수에게만 퍼터를 판매했다고 기억한다.

카스텐은 퍼터를 대량생산하거나 대형매장에서 세일하여 팔 생각이 추호도 없었다. 한번은 통신판매업체 시어스 로벅에서 퍼터 수백개를 구입하겠다고 연락해 왔지만 그는 단호하게 거절했다.

핑처럼 특별주문에 의해서만 퍼터를 생산하는 방식은 전례 없던 일이었다.

핑 퍼터는 골퍼들이 갖고 싶어하는 제품이었지만 아무 상점에서나 쉽게 살 수 있는 물건이 아니었다. 핑 퍼터를 구입하기 위해서는 고객에게 맞는 것을 주문하고 만만치 않은 금액을 지불해야 했다. 핑 퍼터는 이제 일류 골프클럽이 된 것이다.

가족사업이 번창할수록 카스텐이 골프나 볼링을 즐길 시간은 점점

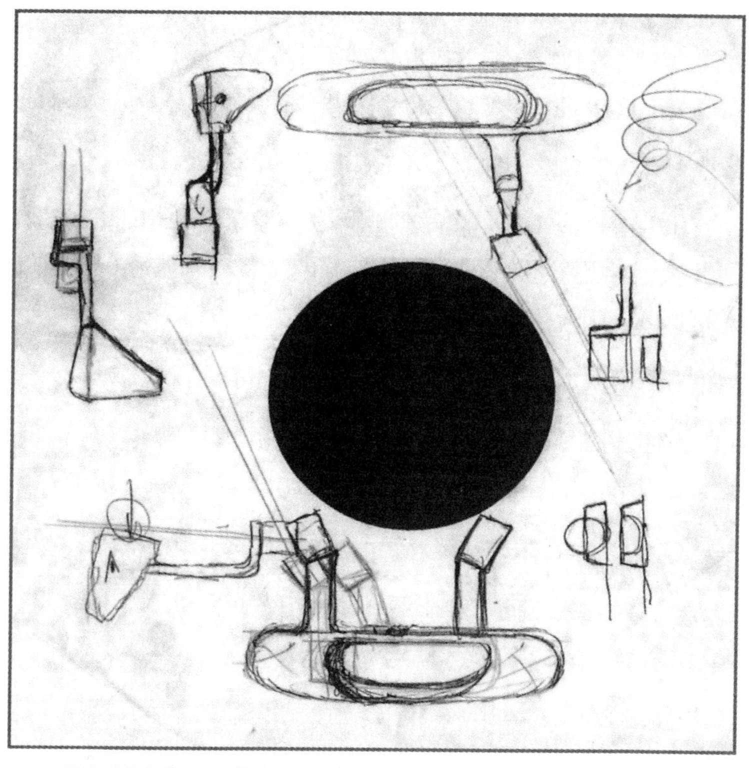

PING 앤서 퍼터의 최초 도안은 카스텐 솔하임이 직접 레코드 자킷 위에 그렸다. 항상 새로운 아이디어를 내기 위해 고심하던 카스텐이었기에 레코드 자킷 위에 나 있는 구멍조차 그린 위의 홀이라 여겼을 것이다. 세계적으로 대단한 명성을 얻은 앤서 퍼터는 이렇게 탄생되었다.

줄어들었다. 카스텐이나 루이제 모두 경험은 없었지만 뛰어난 사업 수완을 보였다. 카스텐은 계속해서 새로운 디자인의 퍼터를 만들어 냈고, 1965년 말에는 핑 퍼터 모델이 모두 21개로 늘어났다. 하지만 가장 성공적인 퍼터는 그 이후에 나왔다.

1966년 1월 로스앤젤레스 오픈에서 돌아온 카스텐은 사람들이 모두 아놀드 파머 퍼터만 사용하는 것 같다고 불평했다.

"뭔가 해답이 될 만한 것을 만들어야겠어."

얼마 후 카스텐은 새로운 디자인의 퍼터를 완성했는데 그것이 아놀드 파머를 능가하게 될 거라고 확신했다. 그는 이 새로운 퍼터를 오래된 78 rpm 레코드 자킷에 디자인했는데, 최근 루이제의 사무실에서 발견되었다. 그는 번뜩이는 아이디어로 거위 모양의 호젤이 달려 있고 힐과 토우로 균형을 잡은 퍼터를 디자인했다.

카스텐은 루이제에게 이 퍼터에 어떤 이름을 새겨 넣으면 좋을지 상의했다.

"앤서(Answer)라고 하세요."

그녀는 남편이 아놀드 파머 퍼터에 대항하여 뭔가 해답이 될 만한 것을 만들어야겠다고 말하던 것을 기억해냈다.

"무슨 이름이 그래? 퍼터 이름으로는 이상하잖아."

그날은 더이상 새로운 퍼터에 대해 얘기하지 않았다. 하지만 이튿날 아침 당장 이름을 새기러 가야 했으므로 그는 루이제에게 다시금 물었다.

"오늘 이름을 새기러 가야 하는데, 뭐라고 하면 좋을까?"

"앤서라고 하세요!"

카스텐이 제작한 PING 앤서 퍼터는 프로리그에서 500회 이상의 우승을 이끌면서 골프 역사상 가장 성공적인 퍼터로 기록되었고 지금까지도 퍼터의 디자인을 선도하고 있다.

하지만 앤서라고 새겨 넣는 데는 문제가 있었다. 퍼터 토우에 앤서라는 단어를 넣기에는 너무 길었다. 그 이름을 새겨 넣으려면 클럽헤드가 더 커져야 하는데, 그렇게 되면 디자인을 완전히 다시 바꾸어야 했다. 글자 크기를 줄여 보았지만 이번에는 글씨가 너무 작아 잘 보이지 않았다.

"앤서는 너무 길어서 안 되겠어."

"그게 문제에요? 그럼 앤서에서 W를 빼면 되잖아요."

루이제는 그냥 소리나는 대로 앤서를 새겨 넣으라고 제안했다. 카스텐은 루이제의 아이디어가 썩 맘에 들지는 않았지만 다른 이름을 기다릴 시간적 여유가 없었다.

이미 '핑'이라는 이름이 크게 성공했기 때문에 다소 우스운 이름이어도 크게 문제될 것은 없었다. 결국 앤서라는 이름이 새겨진 퍼터가 1966년 2월에 출시되었다.

앤서 퍼터는 출시되자마자 큰 성공을 거두었다. 이로 인해 1966년 10월, 그들의 퍼터사업은 집안의 차고에서 벗어나 피닉스 북서쪽에 있는 새로운 공장으로 이전하게 되었다.

현재까지 계속 판매되고 있는 앤서 퍼터는 지금껏 가장 많이 팔린 역사적인 퍼터가 되었다. 1999년 2월에는 영국에서 '올해의 퍼터'로 선정되기도 했다.

결국 카스텐도 루이제가 좋은 아이디어를 냈다는 것을 인정했다. 처음 그는 자신의 방식대로 행동했지만 서서히 루이제의 제안을 받아들이게 되면서 그녀의 의견에 귀기울이게 되었고, 그녀의 조언을 들을수록 그녀에게 더 많이 의존하게 되었다.

타고난 감각이 있는 루이제는 이제 핑 사업에서 매우 중요한 인물이 되어 있었다. 그녀는 앤서가 출시된 지 얼마 안 되어 또다른 기발한 아이디어를 제안했다.

6

핑 골프클럽의 가파른 성장세

차고에서 벗어나 자체의 건물로

인생에서 위대한 업적을 이룩한 사람치고 고난을 겪어보지 않은 사람은 없을 것이다. 그점에서 카스텐도 예외가 아니었다.

1966년은 핑 골프클럽에게 매우 중요한 한 해였다. 앤서(Anser) 퍼터는 출시되자마자 프로골퍼와 아마추어골퍼 모두에게 대단한 호응을 얻었다. 앤서를 한번이라도 사용해본 사람들은 모두 그 제품을 갖고 싶어했다.

이유는 간단했다. 효과가 있었기 때문이었다. 힐 토우를 무겁게 하고 호젤 안에 밴드를 집어넣는 등 각종 신기술을 사용한 결과, 카스텐이 의도한 효과를 볼 수 있었다. 대부분의 사람들은 모양이 이상하다고 생각했지만 성능은 우수했다.

이제 핑 퍼터사업은 작은 규모의 가족사업 개념을 벗어났다. 카스텐은 카스텐 매뉴팩튜어링을 확장시켜 피닉스 데저트 코브 거리 21번가로 옮겼다. 현재까지도 그 회사의 시설물이 전부 그곳에 있고 2,200 평방 피트의 그 건물은 골프클럽 수리소로 사용되고 있다.

딸 산드라의 합류

카스텐과 루이제는 딸 산드라에게 회사의 안내 데스크에서 일하는 게 어떻겠냐고 제안했다. 산드라는 어릴 적 너무 많은 이사를 다녔기 때문에 이사라면 신물이 났다. 지금 살고 있는 캘리포니아에 정착하고 싶었지만, 다시 가족과 함께 지내는 것도 좋겠다고 생각해 결국 부모의 뜻을 받아들이고 피닉스로 이사했다.

루이제는 몇년 동안 자신의 힘으로 독립해서 산 산드라가 대견스러웠다. 성격이 밝고 사람 만나는 것을 좋아했던 산드라는 새 사옥에서 일을 아주 잘 해냈고 남들로부터 인정도 받았다. 카스텐 매뉴팩튜어링 초창기 시절에 산드라를 만났던 사람들은 하나같이 안내 데스크에서 일하던 그녀의 모습을 지금도 기억한다.

루이제는 산드라가 피닉스로 이사하는 것을 돕기 위해 캘리포니아에 갔는데, 그때 샌프란시스코에 위치한 올림픽 클럽에서 1966년 US 오픈이 열리고 있었다. 카스텐은 그곳에 가면 경기장에 들러 프로골퍼들을 만나 퍼터를 홍보해보라고 루이제에게 부탁했다.

막상 올림픽 클럽에 들어서니 루이제는 왠지 일이 뜻대로 되지 않을 것 같은 불길한 예감이 들었다. 하지만 그녀가 안으로 들어서자

한 프로골퍼가 다가와 물었다.

"이 퍼터 좀 구할 수 있을까요? 여기 있는 골퍼들은 모두 이 퍼터를 쓰더군요."

기분 좋은 경험이었다. 그녀는 그에게 앤서 퍼터를 공급해주겠다고 흔쾌히 약속했다. 바로 그순간 루이제는 의심할 여지없이 앤서가 대단한 성공을 거두게 될 거라는 확신이 들었다.

실제로 앤서 퍼터는 대단한 성공작이었다. 이러한 성공이 있기까지 주변 사람들의 도움이 있었을 것이고, 어느 정도의 행운도 따랐을 것이다.

프로골퍼들의 우승, 세계시장으로 진출

투어에서 핑 퍼터를 사용한 최초의 투어링 프로골퍼는 밥 고츠였다. 훗날 그는 텍사스 롱뷰에 있는 롱뷰 컨트리 클럽의 프로골퍼가 되었는데, 그곳은 존이 다니던 대학과 멀지 않은 곳에 있었다. 당시 대학에 다니던 존은 돈이 필요할 때 집에서 가져온 퍼터 한쌍을 고츠에게 팔았던 것이다.

또한 카스텐 회사를 홍보했던 최초의 프로골퍼는 현재도 현역 선임 투어골퍼로 활동하면서 핑 퍼터를 홍보하고 있는 베이브 히스키였다. 그는 투어에 퍼터를 들고 다니면서 다른 골퍼들에게 사용해보라고 권하기도 했고 프로샵에 팔기도 했다.

카스텐은 다른 선임 투어골퍼인 록키 톰슨으로부터도 많은 도움을 받았다. 톰슨은 투어마다 퍼터를 가지고 다니면서 잭 니클라우스, 게

리 플레이어, 진 리틀러, 조지 아처와 같은 대단한 골퍼들에게 핑 퍼
터를 권했다.

　카스텐의 사업은 1966년 도쿄에서 열린 캐나다컵(현재 월드컵) 대
회에서 좋은 기회를 맞았다. 당시 골프계의 3인방은 아놀드 파머, 잭
니클라우스, 게리 플레이어였는데, 미국선수였던 니클라우스는 핑의

1970년대 카스텐의 퍼터사업이 도약을 시작하며 PGA 투어 그린에서 카스텐을 보는 것은 그리
어려운 일이 아니었다. 아놀드 파머 Arnold Palmer 도 선수생활을 하는 동안 PING 퍼터를 즐겨
애용했고, 이를 사용하여 무수히 많은 우승을 이끌어냈다.

쿠신 퍼터를 사용했고, 남아프리카 공화국 출신의 플레이어는 앤서 퍼터를 사용했다. 줄리어스 보로스, 더그 샌더스, 치 치 로드리게즈도 핑 퍼터를 사용했다. 그러자 갑자기 잭 니클라우스와 게리 플레이어 같은 세계적인 골퍼들이 핑 퍼터의 해외판매권을 갖고 싶어했다.

이제 핑 퍼터는 세계시장에 진출하게 된 것이다.

핑 퍼터의 독특한 외양은 어디서나 튀었고 이제 대중적으로도 많이 알려졌다. 루이제와 카스텐은 꼭두새벽에도 전세계에서 걸려오는 주문전화를 받아야 했는데, 어떤 사람들은 서툰 영어로 어떻게 하면 핑 퍼터를 구입할 수 있는지 문의하기도 했다. 점점 주문이 쇄도하기 시작했다.

사업이 성공궤도에 오르자 루이제를 비롯한 많은 사람들은 카스텐이 골프클럽을 제작 · 판매하는 일에 언제쯤 전념하게 될지 궁금해졌다.

14년 만에 GE를 그만두다

카스텐이 골프클럽을 생산하기 시작했을 때나 프로골퍼들이 자신이 만든 퍼터를 사용하게 될 정도로 퍼터사업이 잘 될 때도 그는 계속 GE에서 헌신적으로 일했다. 그는 퍼터사업을 단지 부업 정도로만 생각했던 것이다.

하지만 카스텐 회사에서 총무관련 업무를 맡고 있던 루이제는 핑 사업이 더이상 부업의 수준이 아닌, 더 큰 규모의 사업으로 성장할 것으로 예감했다.

14년 동안이나 GE에서 일해온 카스텐은 그동안의 직위나 보수에 만족했고 근사한 퇴사계획도 마련해놓고 있었다. 카스텐의 부모님을 비롯해 주변 사람들은 모두 카스텐에게 GE를 그만두지 말라고 충고했다. 그 역시 GE를 떠날 생각이 없었다.

하지만 루이제는 달랐다. 그녀는 골프클럽 사업이 앞으로 더욱 크게 성장할 것이라고 믿었기 때문에, 시부모의 반대에도 불구하고 남편에게 GE를 그만두라고 끈질기게 설득했다.

GE에서도 카스텐이 골프클럽 사업에 성공했다는 것을 알고 있었다. 그래서 그를 붙잡아두기 위해 여러 가지 제안을 내놓았다. 카스텐은 그 제안을 받아들일까도 생각했지만 루이제가 마음에 걸렸다.

그러던 어느날 집에 돌아온 카스텐은 GE의 피닉스 공장이 오클라호마로 이전될 것 같다고 말했다. 그들 부부는 오클라호마로 가고 싶은 생각이 전혀 없었으므로 카스텐은 스페이스 센터 내에 있는 GE로 일터를 옮기기로 했다.

그들이 데이토나 비치로 이사갈 준비를 하던 중 거스 그리솜과 다른 두 명의 우주비행사가 지상 항공기 시험을 하던 중 사망하는 사고가 발생했다. 이 사고를 지켜본 카스텐은 더이상 항공우주분야에서 일하지 않겠다고 결심했다. 보스턴에 있는 GE도 생각해보았지만 그곳의 날씨는 너무 추웠다.

사정이 이렇게 되자 카스텐은 골프클럽 사업에 전념하자던 루이제의 말이 떠올랐다.

1967년 1월 카스텐은 마침내 GE를 그만두었다. GE는 14년 동안 쌓아온 그의 공로를 인정해 후한 퇴직금을 주었다. 처음에는 가족들이 회사일을 모두 해냈지만, 이제 규모가 점점 커져 직원을 15명이나 채용했고 법인등록까지 마쳤다. 1967년, 카스텐 매뉴팩튜어링이 공식적으로 탄생하게 된 것이다.

이미 카스텐 매뉴팩튜어링은 성공가도를 달리고 있었지만, 몇달 후에는 더욱 깜짝 놀랄 만한 사건이 일어났다.

법인등록, 유명해진 핑 클럽

카스텐 매뉴팩튜어링이 법인등록을 마친 1967년, 존은 애리조나 주립대학교를 그만두고 아버지 회사에서 직원들의 교육을 담당했다.

카스텐은 2,200 평방 피트 건물의 앞부분은 사무실로 쓰고 뒷부분은 생산시설로 이용했다. 이 건물에서 시작한 카스텐 매뉴팩튜어링은 현재 33개 이상의 건물을 소유하고 있다.

1967년, 핑 퍼터사업에 큰 행운이 찾아왔다. 퍼팅에 매우 약했던 46세의 줄리어스 보로스는 핑 퍼터를 사용하더니 결국 피닉스 오픈에서 우승을 따냈다. PGA 투어에서 핑 퍼터를 사용해 우승한 골퍼는 그가 처음이었다. 그는 자신이 사용한 '쿠신 모델'이 지금까지 나온 퍼터 중 가장 못생긴 퍼터라고 말하며 연신 함박웃음을 날렸다.

프로토너먼트에서 핑 퍼터를 사용해 우승한 최초의 선수는 존 바넘이었는데, 그가 사용한 퍼터는 '핫도그'란 애칭으로 불리던 B69 모델이었다. 핑 클럽은 텔레비전에도 많이 소개되었기 때문에 골프를 모르던 사람들에게도 널리 알려지게 되었다.

홍보를 위한 세계여행

솔하임 부부는 세계시장을 조사하기 위해 3주 동안의 여행계획을 세웠다. 결혼한 지 30년 동안 함께한 장기여행은 그때가 처음이었다.

그들의 애초 계획은 먼저 영국으로 가서 잭 니클라우스와 일본에서의 사업권에 관한 미팅을 하고, 다음은 카스텐이 미국으로 건너온 후 한번도 가보지 못한 고향 노르웨이를 방문하는 것이었다. 그런데 여행사에서 그 티켓이라면 비용을 더 내지 않고도 세계 아무곳이나 세 나라를 더 여행할 수 있다고 정보를 주었다. 부부는 세 나라를 여행 목적지에 추가시켰고 여행기간도 7주나 더 늘리기로 했다.

새로운 사람을 만나는 것을 좋아했던 카스텐은 세계여행이 무척 기대되었다. 한편 루이제는 남편이 긴 여행을 참지 못하고 빨리 회사로 돌아오고 싶어하지나 않을까 내심 불안했다. 하지만 그런 염려는 이내 기우였음이 드러났다.

1967년 7월 4일 카스텐과 루이제는 드디어 10주 간의 긴 여행길에 올랐다. 그들은 브리티시 오픈을 관람했고 노르웨이, 스위스, 그리스, 인도, 태국, 홍콩, 일본, 알래스카를 돌아본 후 노동절이 지나서야 집으로 돌아왔다.

루이제는 남편과 함께한 세계여행이 무척 만족스러웠다. 특히 노르웨이에서 카스텐이 처음으로 친척들과 만날 때 가장 행복했다. 카스텐은 만나는 사람 모두를 친구처럼 대했다. 그들은 카스텐 어머니의 고향도 찾았다. 카스텐의 외할아버지는 살아 계실 때 그곳 교회에서 활동하셨는데, 교회의 미션룸에는 외할아버지의 사진이 걸려 있었다.

다른 친척집을 방문할 기회도 있었는데, 그들은 모두 카스텐과 루이제를 한가족처럼 따뜻하게 대해주었고 그들에게 여행의 추억이 될 만한 선물을 주고 싶어했다.

카스텐의 아버지가 태어난 집에도 들렀다. 그곳에는 사촌들이 살고 있었는데, 거실벽에는 한번도 본 적이 없는 루이제와 아이들의 사진까지 걸려 있었다.

방콕에 들렀을 때 그들은 골프장으로 갔다. 그곳에서 한 골퍼에게 핑 퍼터를 팔아보려 했지만 그는 별 관심을 보이지 않았다. 그러나 밤새 마음이 바뀌었는지, 다음날 아침 일찍 솔하임 부부를 찾아와 어떻게 하면 핑 퍼터를 구입할 수 있는지 물었다. 그는 전날 밤 다른 골퍼로부터 핑 퍼터는 전세계적으로 가장 잘 팔리는 퍼터란 소식을 들은 것이 분명했다. 그러니 핑 퍼터를 디자인하고 생산하는 카스텐에게 직접 퍼터를 살 수 있는 영광을 놓치고 싶지 않았을 것이다.

훗날 카스텐은 그렇게 오랫동안 루이제와 함께 여행할 수 있었던 사실이 믿어지지 않는다고 말했다. 여행을 마친 그는 루이제에게 "아주 즐거웠어"라고 간단히 한마디만 건넸는데, 이 말은 루이제가 카스텐에게서 들은 최고의 찬사였다.

솔하임 부부는 정말 그 여행에 푹 빠진 것처럼 보였다. 카스텐은 여행을 다니는 동안, 루이제가 친절하고 착하며 유머감각과 아이디어가 풍부한 사람이라는 것을 새삼 깨닫게 되었다. 한편 루이제는 카스텐이 조용하고 관대하며 다른 사람에게 친절하다는 것은 잘 알고 있었지만, 어떤 한 일을 끝내고 바로 다음 일을 진행하는 열정을 보고는 또다시 놀라지 않을 수 없었다.

그들 부부는 여행을 다니면서 많은 대화를 나누고 함께 웃으며 서로를 느낄 수 있었다. 그러는 중에도 카스텐은 무언가 일을 꾸미고 싶어서 곧잘 일정을 바꾸곤 했다.

또한 솔하임 부부는 여행중 제품을 홍보하느라 돌아보지 않은 곳이 없을 정도로 많은 시간을 들였다. 결과는 놀라웠다. 매출이 1966년 5만 달러에서 불과 2년 후인 1968년에는 80만 달러로 1,500퍼센트 가까이 뛰어올랐다.

한편 카스텐이 회사에서 직원들에게는 친절하고 인내심 많은 사장이기 때문에 직원들도 그를 부담없이 대한다는 것을 루이제가 잘 알고 있었지만, 아이들이 모두 남편의 회사에서 일한다는 게 조금은 걱정스러웠다.

아이들이 자랄 때 그들과 함께 시간을 보낸 적이 거의 없었으면서 이제는 아이들이 자신의 사업을 돕기만 바라는 것이 과연 잘하는 행동인지 판단이 서지 않았다. 하지만 그녀는 남편을 믿었고 전적으로 그를 돕기로 마음먹었으므로 이번에도 그냥 지켜보기로 했다. 결과적으로 볼 때 그것은 잘된 일이었다.

루이제는 지금껏 자신이 맡아오던 자금과 주문을 담당하는 일에 새로운 직원이 채용되어 너무도 홀가분했다. 또한 언제든지 여행을 다니면서 새로운 아이디어를 내놓을 수 있고, 시장 및 판매전략도 자유롭게 계획할 수 있게 된 것이 만족스러웠다.

그녀는 자신이 아이디어가 많은 사람이라고 생각하지 않았지만 다른 사람들은 모두 그녀의 감각을 칭찬했다. 그녀는 어떤 발상을 들으면 그것의 가능성 유무를 금방 판단하고 결정했다. 사람들은 매사에 확실한 것을 좋아하고 화끈한 성격을 가진 루이제를 좋아했다.

로고 핑맨에 얽힌 사연

1967년 7월, 카스텐과 루이제가 처음으로 함께 해외여행을 가던 날이었다. 떠날 채비를 마친 카스텐이 존에게 작별인사를 하려고 사무실에 들렀을 때 존의 책상 위에 놓여 있는 작은 점토인형이 그의 눈에 들어왔다.

"이게 뭐지?"

"아, 그거요, 핑맨이에요. 모형 점토로 그냥 한번 만들어봤어요."

카스텐은 작고 뚱뚱한 몸매에 모자를 쓰고 퍼팅하는 포즈를 취하고 있는 점토인형이 마음에 들었다.

"괜찮구나. 내가 다녀올 때까지 이대로 놔두거라."

비행기 시간이 다 되어 더이상 꾸물거리고 있을 시간이 없었다.

카스텐은 10주 동안의 긴 여행을 마치고 집으로 돌아오는 길에 회사에 들렀다. 핑맨이라고 부르던 그 작은 점토인형은 그대로 있었다. 그런데 사무실 앞에 핑맨과 똑같은 모양의 2.5 피트짜리 모형이 놓여 있었다. 앨런과 앨런의 처제가 석고와 철사를 이용해서 만든 것이었다. 집에 돌아온 카스텐은 그 핑맨을 회사 로고로 사용하기로 결정했고 곧바로 상표등록을 했다.

그후 10년이 지난 어느날, 매회 완벽하게 인간의 골프스윙을 재현하는 컴퓨터 조작으로 「핑맨」 로봇을 새롭게 개발하였다. 이 「핑맨」

은 어깨가 회전되고 관절이 자유롭게 움직여 사람의 모의실험을 할 수 있도록 개발된 창작품이었다.

사업은 비교적 성공적이었지만 카스텐은 여기서 만족하지 않았다. 그가 계속 새로운 것을 계획하고 디자인하려 노력한 결과 마침내 세상에서 가장 많이 팔린 아이언(iron)이 탄생하게 되었다.

아이언 세트에 도전하다

카스텐이 아이언사업을 시작하려고 마음먹은 것은 퍼터사업이 궤도에 오른 다음이라고 생각할 수도 있겠지만, 일찍부터 그는 아이언 세트를 만들고 싶어했다.

1960년대 초 카스텐은 골프클럽 제조회사이던 페른퀴스트 & 존슨에 들러 아이언 디자인을 살펴보기도 했다. 그 당시 아이언은 모두 원재료를 강력한 프레스기에 넣고 수천 파운드의 압력으로 두들겨서 원하는 모양으로 만드는 단조가공법으로 제작되었다. 이 방법은 소음이 매우 크고 과정도 복잡했기 때문에 카스텐은 다른 방법을 연구해보기로 했다.

그는 힐과 토우를 무겁게 만든 독특한 퍼터만큼이나 혁신적인 디자인을 아이언에 적용했다. 그것은 아이언 블레이드 뒷면 바깥쪽에 금속을 붙여서 테두리를 무겁게 해주면 아이언의 안정감이 더 커지기 때문에 공을 똑바로 멀리 칠 수 있겠다는 아이디어였다.

피닉스로 이사한 지 얼마 되지 않아 카스텐과 루이제는 에스콘디도에 있는 골프크래프트 공장을 찾아갔다. 그곳은 스코틀랜드 출신의 유명 골프클럽 디자이너였던 테드 울리가 운영하는 곳이었다. 카스텐은 그에게 자신이 고안한 아이언 디자인에 대해 설명했다.

테드는 조용히 듣고만 있을 뿐 그의 설명에는 별로 관심이 없어 보였다. 카스텐의 아이디어대로 만들려면 수공작업이 그만큼 많아진다는 점이 마음에 들지 않았던 것이다. 그는 몇 가지 질문을 하더니 이렇게 대답했다.

"이렇게 하면 어떻겠습니까? 제가 가공하지 않은 아이언 헤드를 100세트 드리지요. 그걸 가져가서 원하는 대로 해보세요. 그런 다음 내게 보내주면 여기에서 크롬 도금을 입힌 후 샤프트와 손잡이를 조립할 수 있도록 당신한테 다시 보내겠습니다."

카스텐은 힘이 솟았다. 그는 테드 울리에게 도움을 받았던 이 날의 일을 두고두고 고마워했다.

카스텐은 가공되지 않은 아이언 헤드 100개를 담은 자루를 차에 실었다. 피닉스로 돌아오자마자 그는 팔로 알토에 있는 앨런에게 전화를 걸었다. 앨런는 6개월 동안 해병 예비군 의무복무를 마치고 주방용품 판매원으로 일하고 있었다. 그는 앨런에게 2개월 정도 피닉스에서 아이언 헤드 가공하는 일을 도와줄 수 있겠느냐고 물었고 앨런은 선뜻 그렇게 하겠다고 대답했다.

카스텐은 아이언의 성능을 개선하기 위해서는 무게 분포를 다시 디자인해야 한다고 생각했다. 그래서 아이언 헤드 뒤쪽에 타원형 구멍 두 개를 뚫어서 중간 부분을 가볍게 만들었다. 그리고는 헤드에 무게감을 주기 위해서 바닥에 있는 물통과 도르래에 연결된 작은 트레이 위에 아이언 헤드를 놓을 수 있는 물 이동시스템을 만들었다.

마침내 세트 몇 개가 완성되었다. 카스텐은 자신이 먼저 시험해보았고 다른 사람에게도 사용해보라고 권했다. 이때 완성된 최초의 모델이 바로 69 모델이었는데, 골프에서 아주 좋은 스코어를 의미하는 69에서 따온 것이다.

1961년 드디어 아이언 69 모델이 출시되었다.

카스텐은 베이브 히스키, 조엘 골드스트랜드, 록키 톰슨, 켄 풀턴 같은 골퍼들에게 새로 만든 아이언을 사용해보라고 권했다. 69 모델 세트는 출시된 지 3~4년 만에 골프크래프트나 페른퀴스트 & 존슨으로부터 300개 이상 주문이 들어왔다.

1966년에는 시험용 모델 앤서를 선보였는데 뒤쪽에는 수공작업으로 뚫은 구멍이 한 개 나 있었다. 손잡이에는 카스텐이 '밸나믹'이라고 부르던 혁신적인 디자인을 적용했다. 스윙할 때 안정감을 느낄 수 있도록 샤프트 위쪽을 약간 휘게 만들었고 이것으로 특허까지 취득했다. 이 제품은 출고되자마자 판매가 계속 늘어났지만 수공작업을 했기 때문에 생산량은 많지 않았다.

카스텐은 초기 아이언 제품에 크롬 도금을 입혔다. 하지만 정밀주조법을 사용하면 크롬 도금의 광택을 없앨 수 있다는 것을 알게 되었다. 게다가 스테인리스 스틸 헤드는 대형 텀블링 기계에서 가공해야 했는데 그렇게 하면 아주 독특한 모양을 얻을 수 있었다. 이렇게 만들어진 아이언을 구입하려면 프로골프를 통해서만 가능했음에도 불구하고 품질이 좋았기 때문에 많은 사람이 구입했다.

미국 동부에 있는 한 골프클럽에서는 아이언 세트를 일년에 40개나 주문했다. 카스텐은 그곳 프로골퍼인 버드 팀브룩에게 전화를 걸어 핑 아이언을 주문해주어서 고맙다고 인사했다. 하지만 버드는 오히려 카스텐에게 이렇게 응답했다.

"저희 클럽회원 중에서 핑 아이언을 사용해본 사람들은 성적이 아주 좋아졌어요. 모두들 핑 아이언을 하나씩 갖고 싶어합니다."

카스텐이 디자인한 아이언에 대한 사람들의 반응은 핑 퍼터와 마찬가지로 대단한 것이었다. 하지만 이러한 기쁨도 잠시, 카스텐에게 또다른 고비가 찾아왔다.

1967년 봄 골프 규칙을 제정하던 미국골프협회(USGA)는 클럽 아래 끝에서 5인치 위쪽으로는 휘어 있는 부분이 있으면 안 된다는 조항을 규칙에 포함시켰다. 이 조항대로라면 손잡이 아래쪽에 휘어 있는 부분이 있으면 규칙에 위배되었다. 그 당시 호젤 바로 윗부분이 휘어 있던 '빅 제트(Big Z)' 모델은 큰 타격을 입게 되었다. 하지만 다행히 가장 많이 팔리고 있던 앤서(Anser) 퍼터는 영향을 받지 않았다.

카스텐이 GE를 그만둔 지 몇주 지나지 않아서 이런 어려움이 찾아온 것이다. 당시 그는 직원 15명을 새로 채용했고 몇몇 판매원에게 핑 퍼터 판매권을 내주기도 했다.

핑 아이언을 사용하고 있던 투어 프로골퍼들은 어떻게 하면 좋겠냐고 카스텐에게 물어왔고, 카스텐은 이제 기존의 아이언은 사용할 수 없으니 새로운 장비를 사용할 수밖에 없다고 대답했다.

카스텐도 이들이 궁지에 몰린 것을 이해할 수 있었지만, 그 상황에서는 어쩔 도리가 없었다. 이제 새로운 디자인의 아이언이 필요했다.

카스텐은 가족 모두를 사무실로 불러들였다. USGA에서 새로운 규칙을 제정했는데, 자신이 만드는 퍼터와 아이언이 그 규칙에 위배된다고 말했다.

"우리 모두는 이 문제가 잘 해결될 수 있도록 기도해야겠다."

그는 가족과 함께 기도를 올렸다. 하느님이 만약 사업을 계속할 수 있도록 허락해주신다면 사업은 계속 번창할 것이고, 만약 그렇지 않다면 하느님의 뜻을 받아들이겠다고 생각했다. 카스텐은 위기를 극복하기 위해서 최선의 노력을 다했다.

히트상품, 핑 칼라 코드 차트

1969년 12월, 카스텐은 최초로 정밀주조법을 이용하여 제작한 KI 아이언 모델을 내놓았다.

정밀주조법은 왁스를 사용해서 주조하고자 하는 모양으로 모형을 만들고 세라믹이나 다른 내열성 재료로 코팅을 한다. 코팅 재료가 굳으면 이것을 가열해서 안에 들어 있는 왁스를 녹여 속이 빈 주형을 만든다. 그런 다음 이 주형에 용융 금속을 붓고 냉각시킨다. 냉각이 다 되면 겉을 싸고 있는 주형을 깨서 떼어내면 완전한 골프클럽 헤드가 만들어지는 것이다. 이 방법을 사용하면 복잡한 모양의 헤드를 정확하고 균일하게 만들 수 있고, 단조가공된 것처럼 표면을 따로 마무리할 필요가 없었다.

여러 명의 프로골퍼가 사용하고 있던 아이언 세트를 조사해본 카스텐은, 한 세트 안에 로프트가 동일한 아이언이 여러 개인 경우를 발견하였다. 실제로 한 세트에 5번 아이언이 세 개 이상인 경우도 더러 있었다.

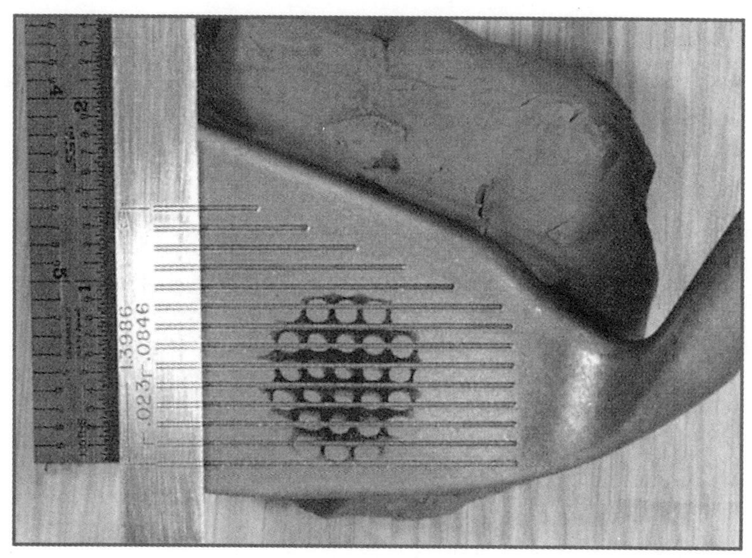

USGA(미국골프협회)가 PING EYE2 아이언의 그루브를 표준에 적합치 않다며 승인하지 않은데 대해 카스텐은 소송을 제기했다. 이 재판은 1990년 최종 판정이 났는데, 카스텐의 승소로 끝났다.

곧이어 다른 골프클럽 생산업체에서도 정밀주조법을 도입하기 시작해 지금은 거의 대부분 이 방법으로 골프클럽을 제작하고 있다.

카스텐은 헤드 테두리를 무겁게 하고 힐 토우의 균형을 맞추고 오프셋 호젤을 적용하는 등 혁신적인 디자인을 KI 아이언에 사용했다. 현재 생산되고 있는 대부분의 퍼터와 아이언은 바로 이 선도적인 디자인을 따른 것이다.

카스텐의 디자인은 다른 어떤 제품보다도 우수했다. 카스텐은 항상 더 좋은 골프클럽을 디자인할 수 있다고 확신했기 때문에 다른 업체와의 경쟁에서 앞설 수 있었다. KI 모델 이후 KII, KIII, KIV 모델도 잇따라 나왔다.

1979년에는 카스텐의 또다른 성공작인 핑 아이(EYE) 아이언이 출시되었다. 1982년에는 아이 2(EYE 2) 아이언이 출시되었는데 이 모델은 이제까지 판매된 아이언 가운데 가장 많이 팔린 모델로 현재까지도 꾸준히 판매되고 있다.

이 무렵 카스텐이 직접 디자인하고 저작권을 갖고 있던 '핑 칼라 코드 차트'(골퍼의 신체조건만으로 그에 맞는 라이각과 채의 길이를 선택할 수 있도록 작성된 차트로, PGA 프로들에게 경기력을 향상시키는 좋은 결과를 가져왔다)가 큰 인기를 얻었는데, 이 도표를 보면 골퍼가 자신의 키와 손 크기, 팔 길이에 맞춰 적절한 클럽세트를 선택할 수 있었고 클럽 각도도 조절할 수 있었다.

또 그는 판매원들이 프로골퍼에게 고객별 맞춤도표를 설명할 수 있도록 교육시켰는데, 당시로서 이 방법은 혁신적인 아이디어였다.

사유재산이 얼마인지 아무도 몰라

다행히 카스텐은 USGA의 규정으로 인한 피해가 많지 않았다. 퍼터 매출은 계속 상승세에 있었다. 카스텐과 루이제는 세계시장 개척을 위해 세계여행을 다녀왔고, 2,200 평방 피트 작업장도 이제는 너무 비좁아졌다. 그들은 더 넓은 작업장에 직원도 더 많이 필요해 주변 건물을 사들여 새로 건물을 짓기도 했다.

이렇게 몇년 동안 계속 사업을 확장한 결과, 처음에는 퍼터만 생산하던 소규모에서 나중에는 퍼터뿐만 아니라 아이언, 우드, 골프가방, 골프공, 기타 골프장비까지 생산하는 큰 규모의 회사로 발전하였다.

카스텐 매뉴팩튜어링은 몇년 동안 성장에 성장을 거듭하여 직원이

1988년 카스텐은 '위대한 전문인'으로 선정되어 대통령 표창을 받았다. PING은 80여개 국가에 골프장비를 수출한 공로를 인정받아 백악관의 로즈 가든에서 로널드 레이건 대통령에게 대상을 수상하였다.

2천 명으로 불어났으며, 하루에 수천 개의 골프클럽을 생산하는 대규모 회사가 되었다.

게다가 카스텐 매뉴팩튜어링은 가족소유의 기업이었기 때문에 카스텐은 재정정보를 공개할 필요가 없었다. 예산이나 소요비용, 수익 그 어떤 것도 공개되지 않았는데, 한번은 『포브스』에 카스텐의 사유재산이 4억 달러라고 발표되었다. 『포브스』의 한 기자가 카스텐에게 실제로 사유재산이 4억 정도냐고 물었을 때, 카스텐은 그저 웃기만 했던 것이다. 실제 카스텐의 재산이 얼마인지는 아무도 몰랐다.

한편 카스텐은 골퍼 개인에게 딱 맞는 샤프트 길이, 클럽헤드 각도, 손잡이 크기를 나타낸 '핑 칼라 코드 차트'를 개발하는데 많은 시간을 들였다. 이 시스템의 도표는 칼라로 표시되어 보기도 무척 쉽고 간단하게 사용할 수 있었다.

직원들은 일제히 고객한테 꼭 맞는 세트를 권할 수 있도록 도표사용법을 배웠다. 또한 고객의 키나 스윙 또는 다른 어떤 조건이 조금이라도 달라지면 카스텐 매뉴팩튜어링에서는 그에 맞게 클럽을 조절해주었다.

시어스 같은 대형 할인매장에 제품을 공급하지 않겠다는 카스텐의 결정은 회사 내부에서 새로운 논란거리가 되었다. 물론 대량주문을 거절하기는 쉽지 않은 일이었지만, 핑 제품이 프로매장을 통해서만 판매되는 것을 포기하고, 할인매장에서도 판매한다면 머지않아 그 가치를 잃어버릴 거라는 믿음을 끝까지 버리지 않았다. 바로 이점이 핑 클럽사업의 성공비결 중 하나였다.

하지만 핑 클럽이 골프계를 석권한 비결은 무엇보다 우수한 품질이 있었기에 가능한 일이었다.

7

그래도 핑 골프클럽은 계속된다

홍보를 위한 100일 여행

솔하임 부부는 해마다 세계 여러 곳으로의 여행을 즐겼다. 카스텐 메뉴팩튜어링을 세우고 4년이 지난 1971년, 그들 부부는 인도를 여행하던 중 자동차사고를 당해 목숨을 잃을 뻔하기도 했다.

핑 제품의 홍보를 위해 솔하임 부부는 100일 동안의 일정으로 세계여행길에 올랐다. 목적지는 스페인, 영국, 덴마크, 스웨덴, 노르웨이, 핀란드, 러시아, 폴란드, 체코슬로바키아, 호주, 스위스, 이탈리아, 그리스, 터키, 이스라엘, 케냐, 짐바브웨, 남아프리카 공화국, 인도, 미얀마, 태국, 싱가포르, 호주, 뉴질랜드, 타히티 등이었다.

케냐에서는 사파리도 즐길 수 있었다. 루이제는 지금도 그 여행을 생생하게 기억하고 있다.

또다른 희망

1967년 처음으로 회사 여직원을 채용할 때 루이제는 존에게 특별히 당부했다.

"만약 회사 여직원과 데이트라도 하게 되면 업무를 제대로 볼 수 없으니 각별히 조심하거라."

존도 어머니의 충고를 따르기로 약속했다.

1971년 어느날 아침, 루이제는 거실을 서성대며 안절부절 못하는 존의 모습을 보고 아들에게 고민거리가 있다는 것을 눈치챘다.

"무슨 걱정이라도 있니?"

"네."

"그래? 어떤 문제인지 얘기해 보겠니?"

"어머니와 약속한 작은 규칙을 지키지 못할지도 모르겠어요."

"그래? 그게 뭔데?"

"벌써 알고 계시잖아요."

존의 말대로 루이제는 이미 알고 있었다. 그동안 존은 회사 여직원과의 연애를 기피해왔지만, 우연히 론다를 보게 되었고 순간 그녀에게 강하게 끌리고 말았다.

루이제는 조심스럽게 아들의 반응을 살폈다.

"지금 네 감정에 확신은 있니?"

"그럼요."

얼마 후 존과 론다는 약혼발표를 했다. 루이제는 존에게 이번 여행을 마치고 돌아온 다음 결혼식을 올리자고 의논했고, 결혼날짜는 솔하임 부부가 여행에서 돌아오는 날로부터 열흘 후로 결정되었다. 하지만 그들 부부가 계획한 날짜에 맞추어 돌아오게 된 것은 거의 기적적인 일이었다.

너무나 힘들었던 하루

솔하임 부부는 여행기간 동안 사업과 관계된 사람들을 주로 만났지만 친구나 선교사를 찾아가기도 했다. 선교사를 방문했을 때 직접 그들의 눈물겨운 선교활동을 보고는 평생 잊지 못할 깊은 감동을 얻기도 했다.

그들은 인도의 레와에 살고 있는 한 선교사 친구를 만나러 가는 길에 뜻하지 않게 큰 사고를 당하게 되었다.

그들이 탄 지프 자동차는 지붕도 없었고 문짝도 거의 떨어져 나간 상태였지만 그럭저럭 쓸 만했다. 카스텐은 뒷좌석에 안내원 티모시와 정비공 사이에 앉았다. 그리고 루이제가 앞좌석에 앉았다. 하지만 워낙 길이 울퉁불퉁해 자리가 몹시 불편했던 카스텐은 앞좌석으로 옮겨 와 루이제와 운전사 사이에 끼어 앉았다.

운전사는 확실히 경험이 없어 보였다. 천천히 몰아야 할 진흙탕에서 지나치게 빨리 몰았고, 곧게 뻗은 자갈길에서는 오히려 속도를 늦추었다. 루이제는 왠지 불길한 느낌이 들었다. 그녀는 카스텐이 흔들리지 않도록 꼭 붙잡고 있으면서 동시에 카메라 가방도 떨어지지 않게 붙들어야 했다.

마침내 어떤 좁은 다리에 도착했다. 루이제는 운전사가 그 좁은 다리를 무사히 통과할 수 있을지 불안했다. 아니나다를까, 다리를 막

건너려고 할 때 차가 길에서 벗어났다. 차는 중심을 잃고 한쪽으로 미끄러지면서 콘크리트 난간으로 향했다. 운전사는 브레이크조차 밟을 여유가 없었다.

결국 그들이 탄 지프는 다리 난간을 들이받고 밖으로 튕겨 나갔다. 카스텐은 이때 카메라 가방에 턱을 부딪혀 뼈에 금이 가는 부상을 입었다. 루이제는 뒤에서 날아온 카메라 가방에 뒤통수를 얻어맞고 눈앞에 별이 반짝거렸다. 다리에서 떨어진 지프는 곧장 제방 풀숲으로 떨어져버렸다.

차에서 튕겨져 나온 카스텐과 루이제는 사정없이 땅바닥에 내동댕이쳐졌다. 티모시도 롤바에 머리를 부딪혀 심하게 다쳤다. 루이제는 얼굴의 감각을 잃은 채 한달 동안이나 지내야 했다.

카스텐은 루이제 바로 위로 떨어졌다. 덕분에 그는 턱이 찢어지는 상처만 입었을 뿐이었지만, 루이제는 온몸이 크게 다쳐 팔과 다리에서 계속 붉은 피가 흘렀다.

X레이 검사 결과 루이제의 코와 왼팔의 부상이 심하다는 진단이 나왔다. 나머지 상처들은 타박상이나 긁힌 자국이었지만 루이제는 온몸이 온통 다친 것처럼 느껴졌다. 팔에 난 상처는 근육과 뼈까지 보일 정도로 심했기 때문에 이 부분을 집중적으로 치료했다. 의사는 상처 주변의 손상된 살을 도려내고 약을 바르는 정도로 치료를 끝내며 나중에 성형수술을 받아야 한다고 말했다.

곧 카스텐의 선교사 친구들이 필요한 물건을 가지고 병원에 도착했다. 그들은 레와로 가는 버스운전사로부터 사고소식을 전해들었다고 했다.

그 사고로 카스텐은 턱을 꿰매는 수술을 받았는데, 상처가 다 나을 때까지 면도를 할 수 없었다. 루이제는 이 기회에 턱수염을 한번 길러보는 것이 어떻겠냐고 권유했다.

이때부터 카스텐은 트레이드마크처럼 은백색의 염소수염을 기르고 다녔다. 사람들은 염소수염 때문에 종종 그를 켄터키 프라이드치킨 할아버지로 오해하기도 했고, 어떤 이들은 '애리조나 8대 불가사의'라고 놀리기도 했다. 처음에는 단지 상처를 가려주는 역할만 했지만, 시간이 지날수록 덥수룩한 수염은 마치 턱에서 골프공이 자라는 것처럼 보이기도 했다.

여행하는 동안 나쁜 일만 있었던 것은 아니었다. 가장 즐거웠던 추억은 아프리카에서 가진 사파리 체험이었는데, 트리탑 호텔에서는 밤에 어슬렁거리며 돌아다니는 야생동물도 볼 수 있었다.

그래도 인생은 계속된다

끔찍한 사고가 있은 지 2년 만에 솔하임 가족은 문 밸리 골프코스 근처로 이사했다. 루이제는 그곳에서 처음으로 골프를 치기 시작했는데, 스윙 연습이 왼쪽팔의 회복에 도움이 된다고 생각했기 때문이었다.

새로 이사한 집은 근사한 저택이었지만 골프사업을 통해 벌어들인 재산에 비하면 검소한 수준이었다. 카스텐을 잘 아는 사람이라면 쉽게 이해할 수 있을 것이다. 그는 절대로 호화롭고 사치스러운 생활을 하지 않았다.

한번은 루이제가 남편에게 고급 롤렉스시계를 사주려고 했는데 그는 "시계치고는 너무 비싸군"하며 한마디로 거절했다.

1970년대 중반으로 들어서면서 카스텐 매뉴팩튜어링과 가족들은 큰 변화를 맞이했다. 1975년 산드라는 알렉스 아이켄과 결혼했고, IBM에서 일하던 큰아들 루이스가 카스텐 매뉴팩튜어링의 일을 돕기 시작하면서 자식들이 모두 아버지의 회사에서 일하게 된 것이다.

카스텐은 이제 세계 골프업계에서 대단히 유명한 인물이 되었다. 핑 클럽의 성공과 텔레비전의 광고방송을 통해 유명 프로선수만큼이나 대중들의 관심을 받게 된 것이다.

유명 프로선수들도 갤러리에서 그와 함께 보낼 수 있는 시간을 기다렸고, 마스터스 토너먼트에서는 임원들까지 나서서 그에게 사인을 부탁했다.

나아가 그는 골프뿐 아니라 엔터테인먼트 분야에서도 유명인사로 통하게 되었다. 밥 호프, 빙 크로스비, 다이아나 쇼어, 밀턴 베를러 같은 최고의 인기 연예인조차 모두 '미스터 핑'과 함께 골프를 치고 사진을 찍고 싶어했다.

카스텐 매뉴팩튜어링은 1970년대 중반부터 1980년대 초에 이르기까지 급성장했다. 1982년에 핑 아이2가 출시되자마자 매우 좋은 반응을 얻었지만 곧 USGA와의 분쟁 때문에 큰 타격을 입어야 했다.

카스텐은 아이언도 퍼터와 같은 식으로 디자인했다. 그는 프로나 아마추어 모두 골프게임을 쉽게 즐길 수 있도록 만들고자 했다.

핑 골프클럽은 판매가 엄청나게 늘어났고 소비자들도 품질에 만족했다. 한편 다른 경쟁업체, 특히 USGA는 과학적으로 뛰어난 카스텐

카스텐이 최신형 PING 퍼터를 프로선수들에게
선보이기 전, 한 시대를 풍미한 유명한 팝가수
겸 영화배우 빙 크로스비Bing Crosby와 골프
코스에서 이야기를 나누고 있다.

매뉴팩튜어링이 너무 앞서간다고 견제했다.

카스텐은 눈하나 깜짝하지 않았다. 골프클럽을 더욱 정교하게 만
들어서 골퍼들의 성적이 향상된다면 이것은 선한 일이 아닌가?

그는 골프클럽을 더 훌륭하게 만들면 사람들이 골프를 더욱 좋아
하게 될 거라고 확신했다. 누구든지 더 좋은 골프클럽을 가질 수 있
도록 생산한다면 문제될 것이 없었다. 하지만 사소한 분쟁은 결국 그
루브 문제로까지 확대되었다.

USGA는 1984년 발간한 규정집에서 그루브에 대한 규정을 V자형
에서 사각이나 U자형으로 변경했다. 당시 거의 모든 골프클럽 생산
업체가 사용하고 있던 정밀주조법으로는 V자형 그루브를 만들 수
없었기 때문이었다.

카스텐은 새로 개정된 USGA의 규정을 확인하자마자 그것을 최대한 활용하기 위하여 연구에 들어갔다.

미스터 핑, 골프업계와 부딪히다

1980년대에 접어들면서 카스텐은 더 우수한 골프클럽을 계속 디자인하고 독주했지만, 이로 인해 오히려 골프업계와 분쟁에 휘말리는 역풍을 맞게 되었다.

카스텐은 항상 골프클럽을 더 좋게 만들려고 노력했고 누구나 골프를 더 재미있게 칠 수 있도록 하는데 최고의 관심이 있었다. 심지어 그는 잘 판매되고 있는 제품조차도 계속 디자인을 바꾸면서 이전 것보다 더 근사하게 만들려고 애썼다.

변화를 위한 변화나 마케팅 시즌을 맞이해 포장만 바꾸는 얄팍한 상술은 절대로 쓰지 않았다. 카스텐이 일단 골프클럽 디자인을 바꾸었다면 거기에는 분명한 이유가 있었다. 그는 항상 완벽을 추구했고 더 나은 제품을 만들기 위한 노력을 잠시도 게을리하지 않았다.

카스텐은 열정적 노력의 일환으로 클럽헤드의 페이스에 있는 그루브를 개선하기 위해 연구를 시작했다.

그루브는 왜 있는가

거의 모든 아이언과 우드의 헤드에는 평행하게 새겨진 홈이 있는데, 이것을 그루브라고 부른다. 클럽헤드에 그루브를 새겨 넣는 이유는 골프클럽 페이스와 골프공이 접촉될 때 물이나 이물질 등에 영향받지 않도록 하기 위한 것으로, 자동차 타이어에 홈이 나 있는 것과 같은 원리이다.

특히 러프에서 공을 칠 때는 잔디에 묻어 있는 물방울이나 잔디 자체가 함유하고 있는 물기가 골프공과 클럽 페이스의 접촉을 방해할 수 있다. 이때 그루브가 없다면 골프공이 멀리 날아가지 못한다.

하지만 카스텐은 그루브에 영향받지 않고 항상 '변함없는' 성능의 골프클럽을 제작하고 싶었다.

그는 클럽 페이스와 골프공이 서로 접촉하는 시간이 불과 1/2,500초에 불과하다는 사실을 알게 되었다. 한 홀당 100타를 치는 초보자의 게임을 예상하더라도, 18홀을 도는 동안 골프공과 클럽헤드가 접촉되어 있는 시간은 고작 0.25초에 지나지 않는다.

카스텐은 이렇게 세심한 내용까지 파고들면서 골프클럽을 더 우수하게 만들기 위해 고심했다. 만약 골프공과 클럽 페이스가 더 오랜 시간 접촉할 수 있도록 개선해야 한다면 카스텐은 분명 그렇게 했을 것이다. 하지만 카스텐이 보기에 그루브에 대해서는 더이상 개선할 부분이 없었다.

미국골프협회의 규정을 따르다

골프클럽의 그루브에 대한 규정은 이미 제정되어 있었다. USGA는 그루브에 대하여 지난 40년 동안 간략하게 다음의 세 가지 규정만 계속 적용해왔다.

- 그루브 모양은 V자형이어야 한다.
- 그루브 너비는 0.35인치 이하여야 한다.
- 그루브 사이의 간격은 최소 그루브 너비의 세 배 이상이어야 한다.

하지만 아이언을 생산하는 방식이 바뀌면서 문제가 발생하기 시작한 것이다. 카스텐은 1970년 이후부터 더이상 단조가공법을 쓰지 않고 정밀주조법으로 아이언 헤드를 생산했는데, 곧 다른 대부분의 생산업체도 이 방법을 도입하기 시작했다.

단조가공법으로 골프클럽 헤드를 만들면 V자형 그루브가 만들어지지만, 정밀주조법을 사용하면 그루브 바닥이 뭉툭해지기 때문에 그루브가 U자형이 된다.

USGA에서도 단조가공법보다는 정밀주조법으로 클럽헤드를 만드는 것이 더 우수하다는 것을 알고 있었기 때문에, 1984년에 그루브에 대한 규정을 V자형에서 U자형으로 변경했다.

다른 생산업체들은 자신들의 제품이 협회 규정에 위배되지 않는다며 마음을 놓고 있었다. 하지만 카스텐은 이 개정조항을 보자마자 클럽을 더 좋게 만들 수 있는 아이디어를 떠올리기 시작했다.

벼랑으로 치닫는 그루브 논쟁

카스텐은 정밀주조법으로 클럽헤드를 만들면서 그루브가 U자형이 된다는 사실에 만족하지 않고 항상 더 좋은 클럽을 만들기 위해 고민했다. 결국 1985년 특수하게 제작된 주형을 사용해 그루브가 U자형으로 된 핑 아이2 아이언을 내놓았는데, 이 모델은 클럽 페이스가 골프공의 홈에 직접 접촉될 수 있도록 하기 위해 그루브를 더욱 정교하게 만든 것이었다.

이 모델은 V자형 그루브와는 달리 그루브가 U자형이었기 때문에 클럽헤드가 마모되더라도, 그루브 너비와 그루브 사이의 간격이 항상 일정했다. 따라서 오래 사용하여 심하게 마모되더라도 처음 구입했을 때와 같은 느낌을 주었다.

카스텐의 아이디어는 크게 성공했다. 하지만 핑 아이2 모델은 처음 사용할 때 골프공에 작은 홈집이 생기는 단점이 있었다. 바로 이 점 때문에 골퍼들은 짧은 칩샷을 하면 강한 역회전이 걸린다고 생각하게 되었다.

골프공에 홈집이 생기는 것은 아주 심각한 문제였다. 카스텐은 이를 해결하기 위해 그루브 모서리를 약간 둥글게 만들었다. 이것은 골프클럽 페이스에는 날카로운 모서리가 없어야 한다는 USGA 규정과도 맞는 부분이었다.

그루브가 U자형인 핑 아이2 아이언의 인기가 점점 높아지자 다른 경쟁업체에서도 그루브를 U자형으로 만들기 시작했다.

이렇게 되자 다른 업체에서는 V자형 그루브 제품의 제고가 쌓이게 되었지만 카스텐의 회사에서는 그런 재고를 찾아볼 수 없었다. 다른 경쟁업체의 협찬을 받던 몇몇 프로 PGA 투어선수들은 핑 아이2 아이언 때문에 자신들이 손해본다고 불평하기도 했다.

카스텐은 그들의 주장을 어리석다고 생각했다. 그는 모든 선수가 비슷한 장비를 사용한다면 결국 실력이 더 뛰어난 선수가 승리한다고 생각했다. 그리고 PGA 투어의 통계에서도 볼 수 있듯이 뛰어난 장비를 사용한다고 해서 반드시 게임 스코어가 향상되는 것은 아니라고 주장했다. 게다가 카스텐이 고안한 U자형 그루브는 골프클럽을 오랫동안 사용해도 항상 처음 이용하는 것처럼 느끼게 만드는 역할만 할 뿐이었다.

USGA는 핑 아이2 아이언을 분석한 결과, 그루브 모서리를 둥글게 만들었기 때문에 골프공에 흠집은 생기지 않게 되었지만, 그루브 너비가 넓어졌다고 주장했다. USGA의 기술 디렉터인 프랭크 토마스도 그루브 모서리를 둥글게 만들면 그루브 사이의 간격이 좁아지게 되고, 따라서 그루브 간격이 그루브 너비의 3배 이상이어야 한다는 규정에 위배된다고 주장했다.

카스텐과 루이제는 USGA의 이러한 주장을 이해할 수 없었다. USGA에서 그루브의 너비를 측정할 때는 항상 클럽 페이스의 수평선과 그루브 벽이 이루는 수직선이 만나는 점을 기준으로 측정했었다. 이렇게 기존의 방식대로 측정하면 핑 아이2 아이언은 규정에서 벗어나지 않았다.

그루브에 대한 논쟁이 뜨거워지자 USGA는 U자형 그루브와 V자형 그루브 아이언을 비교 시험하기 시작했다. 시험 결과 U자형 그루브와 V자형 그루브는 스핀 속도에서 약간의 차이가 있긴 했지만 별다른 차이점이 없었다. 하지만 그루브 사이의 간격이 좁을수록 스핀 속도가 크게 증가한다는 것이 밝혀졌다. 따라서 USGA는 그루브 너비를 측정하기 위한 새로운 방법으로 '30도 측정 방법'을 제정했다.

하지만 이 방법은 공학적이거나 과학적인 근거를 기준으로 제정된 것이 아니었다. 카스텐은 이 측정 방법을 적용하면, 핑 아이2 아이언이 규정에서 아슬아슬하게 벗어나게 되므로 이 비과학적인 방법을 인정할 수 없었다.

이 방법을 따른다는 것은 USGA에서 오랫동안 그루브 너비를 측정하는데 사용해왔고, 카스텐이 핑 아이2 아이언을 개발할 때 근거로 삼았던 소위 '면 교차 측정 방법'을 포기하는 것이기도 했다.

USGA는 카스텐에게 그루브 너비를 사람 머리카락 정도로까지 좁게 만들어 USGA의 30도 규정을 만족시키라고 권고했다. 카스텐은 그 30도 규정은 이치에 맞지 않기 때문에 그럴 수 없다며, 그루브의 너비는 가장자리가 아닌 벽을 기준으로 측정해야 한다고 주장했다. 어찌 되었건 비스듬한 그루브의 너비를 측정하는 방법은, 그루브 내부의 벽과 벽 사이의 거리를 측정하는 것이지, 둥근 모서리의 임의의 두 지점 사이의 거리를 재는 것이 아니라는 것 정도는 어지간한 기계공이라면 다 아는 사실이다.

USGA는 토너먼트 경기에서 핑 아이2 아이언을 금지시키겠다고 으름장을 놓았다. 하지만 카스텐의 믿음은 확고했다. 결국 이 사건은 카스텐의 고집을 다시 한번 시험한 결과가 되었고, 또한 그의 고집이 아직까지 견고하다는 것을 보여주었다. 그는 눈하나 깜짝하지 않았다. 오히려 USGA가 소송당할까봐 겁먹고 있는 것처럼 보였다.

마침내 1987년 여름, USGA는 1996년부터는 '30도 규정'이 의무적으로 적용되며 이를 따르지 않는 제품은 규정에 위배된다고 공식적으로 발표했다. USGA는 이 발표를 하면서 규정에 벗어난 대표적인 클럽으로 핑 아이2 모델을 꼬집어 설명하기도 했다. 하지만 어이없

카스텐과 아내 루이제는 1980년대 후반 피닉스의 문 밸리 컨트리클럽에서 열린 'PING 골프클럽을 둘러싼 토론회'에 참석하여 USGA(미국골프협회) 회장인 프랭크 하니건(앞줄 왼쪽), 기술이사인 프랭크 토마스와 함께 촬영하였다.

게도 USGA는 30도 규정을 정확하게 측정할 수 있는 도구조차 갖추고 있지 않았다.

USGA는 PGA 투어와 같은 다른 골프협회에서도 1990년 1월 1일 이전까지 30도 규정을 적용하도록 압력을 가했고, 1990년부터는 US 오픈이나 기타 USGA 이벤트에서도 30도 규정을 의무적으로 적용하기로 했다.

많은 전문가들은 USGA에서 바로 그해 30도 규정을 채택하지 않은 것은, 카스텐이 소송을 걸지 못하게 하기 위해서였다고 지금까지도 생각하고 있다.

마침내 소송을 제기하다

카스텐은 이 일이 있은 후 2년이 넘도록 USGA에서 자신의 주장이 옳다고 인정해주길 기다렸다. 하지만 옳다고 모든 일이 다 이루어지지 않는 것이 세상의 이치인지, 핑 아이2 아이언은 이제껏 가장 많이 팔린 아이언이었기 때문에 몇몇 경쟁업체는 이때를 틈타 카스텐을 경계하고 시기했다. 게다가 다른 업체들은 골프업계에 상당한 영향력을 미치는 PGA 투어선수들과 관계를 맺고 있었지만 카스텐은 그렇지도 않았다.

USGA는 카스텐에게 양보할 마음이 조금도 없는 것처럼 보였다. 오히려 자신의 규정만 강요하여 수백만 카스텐 고객의 골프클럽을 USGA 규정에 맞지 않는 제품으로 만들어버리려고 했다.

1989년 카스텐은 더이상 참을 수 없었다. 핑 아이2 아이언의 경우 다른 규정은 다 만족시켰다. 하지만 비과학적이고 비논리적인 그 30도 규정이 문제였다. 카스텐은 프로골퍼들과 일반 사용자들이 US 오픈이나 US 시니어 오픈 등 13개나 되는 USGA 이벤트에 참석하지 못하게 되는 것을 우려하고, 애써 구입한 제품을 못 쓰게 될까봐 걱정스러웠다.

카스텐은 자신의 핑 아이2 아이언을 구입해준 수백만 명의 골퍼를 계속 지원하기로 결심한 끝에, 결국 1989년 8월 USGA를 상대로 소송을 제기하였다.

1989년 PGA는 USGA의 압력에 못 이겨 1990년부터 새로운 규정을 적용하기로 결정했다. 이에 따라 카스텐은 1989년 말 PGA를 상대로 또다른 소송을 제기했다. 1989년 12월 연방법원의 판사는 시험 결과가 완전히 나올 때까지는 핑 아이2 아이언의 사용을 허용하라고 판결해주었다.

1990년 1월 말에는 결국 USGA와의 분쟁이 해결되어 핑 아이2 모델을 구입한 수백만 고객의 권리를 지킬 수 있게 되었다. USGA는 그때까지 판매된 핑 아이2 모델은 30도 규정과 상관없이 영원히 골프 규칙을 만족시킨다고 인정했다. 마침내 카스텐의 인내심이 승리를 거둔 것이다. 대신 카스텐은 몇달 안에 그루브 너비를 적어도 머리카락 굵기 정도로 좁히겠다고 양보했다.

하지만 PGA와의 분쟁은 남아 있었다. 이후 3년이 넘게 카스텐은 PGA와의 소송에 많은 돈을 써야 했지만, 결국 카스텐의 승리로 끝났다. PGA는 그루브가 U자형인 아이언을 제한하지 않기로 결정했고, 정확히 얼마인지 기억하지 못하지만 카스텐에게 큰 금액으로 보상해야 했다. 1993년 4월, 마침내 그루브 분쟁은 이렇게 막을 내렸다.

5년 가까이 끌었던 그루브 분쟁은 카스텐을 더 늙고 지치게 만들었다. 카스텐은 어떤 기자에게 그 분쟁을 "밤낮 없이 치른 싸움"이었다고 솔직한 심정을 토로하기도 했다. 무엇보다 그때의 분쟁으로 인해 그는 골프클럽을 새롭게 디자인하고 제작하면서 얻을 수 있는 열정과 즐거움을 잃어버렸다.

그는 분쟁이 소송으로까지 확대된 것이 마음에 걸렸다. 소송은 사업에 있어서 필요악이라고 생각했기 때문에 가급적이면 피하고 싶었다. 그가 정말로 원했던 것은 골프를 좀더 재미있게 만드는 일뿐이었다.

카스텐은 핑 아이 2와 관련된 분쟁을 해결하기 전에는 어떤 새로운 클럽 디자인도 선보이지 않겠다고 결심했다. 때문에 분쟁기간 동안 새로운 모델이 출시되지 못했다. 사실상 이 기간에는 작업장에서 기술자들과 새로운 디자인을 구상할 만한 시간적, 정신적 여유가 전혀 없었다. 카스텐에게 분쟁이 없었다면 또다른 기발한 제품이 나왔을

지도 모를 일이었다.

루이제는 카스텐이 오른쪽 시력을 잃어버린 것도 이 분쟁 때문이라고 생각한다.

딘 베먼 PGA 위원이 그루브가 사각형인 아이언을 금지한다는 PGA의 방침을 발표한 지 2주가 지난 어느날, 카스텐과 루이제는 함께 길을 걷고 있었다. 그때 갑자기 카스텐은 번쩍 하는 빛을 보았고, 이 사실을 루이제에게 말했다.

그때 루이제는 만약 그런 빛을 보면 가능한 빨리 병원으로 오라던 안과의사의 말이 불현듯 생각났다. 다음날 아침 일찍 안과에 갔지만 이미 때는 늦었다. 벌써 오른쪽 눈의 시신경에 혈액이 응고되어 덩어리로 붙어버렸다. 당시로선 어쩔 도리가 없는 상태였다.

이후 카스텐은 오른쪽 눈의 시력을 완전히 잃어버렸다.

제3부

사랑도 그만의 방식으로

8

만난 지 보름 만에 약혼하다

첫눈에 반한 사람

루이제는 그 청년에 대해 아는 것이 아무 것도 없었다. 심지어 이름조차 몰랐다. 단지 그가 잘생겼고, 보기 드물게 고운 머릿결을 가진 남자라는 인상만 가졌을 뿐이었다. 하지만 그녀는 이상하게도 그 잘생긴 남자가 자신의 평생 반려자가 될 거라는 느낌을 강하게 받았다.

그 잘생긴 청년이 바로 카스텐 솔하임이었다.

그는 교회 주일학교에서 학생들을 가르치고 있었는데 그때는 성탄절 행사를 준비하는 중이었다. 물론 그도 자신이 다니는 교회 청년부에 루이제라는 17세 여학생이 있다는 것쯤은 알고 있었다. 하지만 그녀가 자신에게 관심어린 시선을 보내고 있으며, 그녀가 앞으로 자신의 인생에서 중요한 사람, 인생여정에서 누구보다 훌륭한 동반자가 될 거라는 사실은 생각지도 못했다. 또한 그녀의 유년기가 자신의 유년기와 몹시 닮았다는 사실은 더더욱 알 수 없었다.

1935년 어느 겨울밤, 루이제와 카스텐은 그렇게 처음 만났다. 그들은 지금까지 서로가 얼마나 비슷한 삶을 살아왔는지 짐작조차 못했다. 물론 주위에는 그들을 끔찍이 아껴주고 사랑해주는 이들이 있었지만 절망에 빠져 자포자기했던 힘든 시간도 있었던 것이다. 어머니를 여읜 후 외로운 시간을 보내온 카스텐과 마찬가지로 루이제에게도 같은 슬픔과 고통이 있었다.

넬리 루이제 크로지에(Nellie Louise Crozier)는 1918년 6월 6일 태어났다. 그녀의 부모가 그녀를 루이제라고 부르던 바로 그때 그 가족에게 불행의 그림자가 드리워지고 있었다. 아기를 낳은 직후 어머니가 폐렴에 걸려 세상을 등지고 말았던 것이다.

루이제의 아버지는 아내를 잃은 슬픔에 재혼하지 않고 대신 딸에게 온갖 정성을 쏟았다. 일하기 위해 어쩔 수 없이 아기를 다른 사람 손에 맡겼지만 마음이 편치 않았다.

처음 텍사스에 사는 누이가 자신의 네 딸과 함께 루이제를 키우겠다고 했지만 그는 귀여운 딸을 곁에 두고 싶어 거절했다. 아내를 잃고 1년 정도 지났을 때 그는 한 부부를 알게 되었는데, 그들은 루이제를 친딸로 입양하길 원했다. 하지만 그녀의 아버지는 딸아이를 보살펴줄 사람이 필요했던 것이지, 남에게 떠나보낼 생각은 추호도 없었다. 그는 부부의 청을 거절하고 텍사스 누이의 제안에 따라 루이제를 맡기기로 결정했다.

루이제의 고모는 텍사스에 넓은 농장을 지닌 부유한 남자와 결혼하여 생활이 넉넉했기 때문에 조카를 잘 보살필 수 있었다. 그녀는 큰딸 캐서린과 함께 시애틀로 와서 첫돌도 지나지 않은 어린 루이제를 자신의 집으로 데려갔다. 고모의 막내딸보다 두살 어린 루이제는 그들의 다섯째 딸이 된 것이다. 그로부터 9년 동안 루이제는 고모와 고모부를 친부모로, 사촌들을 친언니로 따르며 순탄하게 자랐다. 네 언니 중 루이제라는 이름도 있었기에 고모의 가족은 루이제를 닐이 라고 불렀다.

사랑을 듬뿍 준 또다른 가족

루이제는 따뜻하고 인정 많은 고모부 킨슬러를 친 아버지로 생각하며 끔찍이 사랑했다. 웃음이 넘치는 새 보금자리를 찾아 텍사스로 온 것은 루이제에게 큰 행운이었다. 루이제는 넉넉한 환경에서 다양한 애완동물 등과 함께 유년기를 보낼 수 있었다. 특히 바닷가에서 낚시하거나 조개를 줍고 해변을 걷는 것은 무엇보다도 행복했다.

하지만 모든 것이 순조롭지는 않았다. 그녀가 세살 때 동네약국에 서 일하던 참견 좋아하는 한 아주머니가 루이제에게 그만 진실을 말 해버린 것이다. 결국 그녀는 친아버지가 따로 있고, 어머니는 이미 세상을 떠나셨다는 사실을 알게 되었다.

루이제의 아버지는 그녀를 시애틀로 데려가기 위해 텍사스를 찾을 때까지, 9년 동안 단 두번 그녀를 찾아왔을 뿐이었다. 하지만 편지는 자주 썼고 액세서리나 옷 같은 선물도 수시로 보내주었다.

친부모 친형제는 아니었지만 루이제는 한 가정의 소중한 아이로 사랑받았다. 그녀는 자신보다 열살이나 많은 큰언니 캐서린을 가장 따랐는데, 루이제에게는 엄마 같은 존재였다. 그녀는 루이제가 학교에 들어가기도 전에 글부터 가르쳤다. 훗날 캐서린은 루이제가 세살 때 이미 글을 깨우쳤고, 눈에 보이는 것은 닥치는 대로 읽었다고 기억했다.

그러나 교육자였던 루이제의 친아버지는 캐서린 나이에 읽을 수 있는 책이라면, 아직 학교에 들어가지 않은 루이제에게 맞지 않을 거라고 생각했기 때문에 마냥 기쁘지만은 않았다. 루이제가 글을 깨우치고 몇년 후에는 여성의 권리향상에 기여한 제인 그레이(Zane Grey)의 책까지 읽는 모습을 보고는 되려 걱정스러워 했다.

하지만 루이제는 그처럼 걱정하는 아버지를 이해하지 못했다. 그녀는 오히려 처음부터 수준 높은 책을 읽으면서 많은 것을 배울 수 있었다고 말한다. 결국 루이제는 1학년을 건너뛰었다.

한편 캐서린은 다른 학생보다 빠른 열다섯살에 고등학교를 졸업했다. 스무살 때 그녀는 시카고대학에서 식이요법학 석사학위를 받았고, 미시건 주립대학에서 강의하게 되었다. 루이제는 말한다. 캐서린 언니는 그녀의 역할모델이었다고.

아버지와의 삶이 시작되다

루이제는 고모의 가족과 즐겁게 지냈다. 그러던 중 드디어 친아버지의 품으로 돌아가야 될 시간이 오게 되었다. 고모의 집에서 약간의 갈등이 빚어진 것이다.

고모부 킨슬러는 농장과 집안일로 항상 바빴고, 사촌언니들은 농장에서 일하는 '검둥이'들을 멀리했다. 하루는 부엌에서 한 흑인소녀가 설거지를 하고 있었다. 그때 루이제는 아무 생각 없이 소녀 옆에서 접시의 물기를 닦아주며 이야기를 나누었다. 이 광경을 본 고모는 루이제를 불러내 접시 닦는 일은 하녀들이나 하는 것이니 다시는 그러지 말라고 꾸짖었다. 그녀는 고모의 말을 순순히 따랐지만 옳은 행동은 아닌 것 같았다. 일을 도우며 이야기하는 것이 왜 잘못되었단 말인가.

그때까지 루이제와 사촌언니들에게 집안일은 그저 남이 해주는 것이었다. 그녀들은 놀이를 하고, 책을 읽는 등, 공부하는데 모자람이 없는 환경에서 자라고 있었다. 루이제가 여덟살이 되었을 때 고모부는 집안의 딸들이 가사일을 전혀 모른 채 자라게 해서는 안 된다는 생각을 하게 되었다.

그래서 그는 날마다 2층 욕실의 욕조 닦는 일을 루이제에게 시켰고, 자신의 딸들에게도 고만고만한 집안일을 시켰는데, 그것을 루이제에게 말하지는 않았다. 때문에 루이제는 언니들도 집안일을 한다는 사실을 까맣게 모른 데다가, 흑인소녀와 이야기한 것을 꾸중듣고는 고모 가족에게 좋지 않은 대접을 받는다고 오해하게 되었다.

결국 그녀는 아버지에게 고모 가족에 대한 불만을 편지에 털어놓았고, 자신을 하루빨리 시애틀로 데려가달라고 적었다.

다음해 루이제가 아홉살이 되자, 그 여름 텍사스를 찾은 아버지는 한 달 동안 고모댁에 머물렀다. 그때는 이미 집안일을 둘러싼 갈등이

사라진 후였고, 루이제는 다시 일상의 행복에 묻혀 있었다. 그런데 아버지가 찾아오자 그녀는 아버지를 따라가야 한다는 생각에 우울해져서 즐겨 부르던 노래마저 부르지 않게 되었다. 아버지가 자신을 데려갈 것 같았다.

텍사스에 온 아버지는 어느날 루이제와 산책 나갔다.

"편지 잘 받았다."

루이제는 머리가 멍했다. 아버지는 자신을 구하러 온 것이지만 이제는 고모 가족을 떠날 이유가 없어졌기 때문이다. 순간 루이제는 그 편지를 전혀 모르는 일이라고 잡아뗐다.

"전 편지 같은 것 쓴 적 없어요."

아버지는 그런 절절한 편지를 쓸 수밖에 없었던 딸아이의 심정을 너무도 잘 이해했다.

"아, 그래? 그런데 네 글씨하고 정말 똑같던걸."

"옆집에 저하고 필체가 비슷한 아이가 있는데요, 그 아이가 쓴 게 분명해요."

"그래? 그런데 왜 그애가 너인 척하면서 넋두리를 늘어놓았을까?"

"글쎄요. 아무튼 저는 아니예요. 그애가 썼을 거예요."

아버지는 더이상 그 문제를 거론하지 않았지만 루이제는 아버지가 자신이 거짓말한다는 것을 눈치챘을 거라는 생각에 마음이 편하지 않았다. 다만 하늘이 무너져내리는 것 같았고, 이러지도 저러지도 못하는 자신의 처지가 처량할 뿐이었다.

한 달이 금세 지나고, 아버지가 텍사스를 떠날 즈음 루이제도 마음의 평온을 되찾았다. 그녀는 아버지를 사랑했지만 텍사스를 떠나고 싶지 않았다. 아버지는 루이제에게 작별인사를 하며 당부하셨다.

"내년 여름에 다시 올 테니까 미리 준비하고 있거라."

아쉽지만 1년이면 작별을 준비하는데 충분한 시간이라고 루이제는 생각했다. 이제 곧 고모 가족과의 생활도 끝날 것이고, 아버지와 함께 살기 위해 이곳을 떠나야 한다는 사실을 스스로 인정해갔다.

1928년 여름, 약속한 대로 아버지는 텍사스를 다시 찾았다.

루이제가 워싱턴주로 떠나기 전날, 고모부 킨슬러는 아침 일찍 그녀를 깨웠다. 인기척을 느낀 루이제는 친아버지 같은 훈기를 느낄 수 있었고 그의 따뜻한 온기와 다정한 손길이 좋았다. 그날 킨슬러는 루이제에게 평생 잊지 못할 선물을 해주었다. 그녀를 트럭에 태우고 자신의 농장 구석구석을 찾아다니면서 모든 동물식구에게 작별인사를 하도록 배려한 것이다. 그녀는 하루종일 자신을 위해 시간을 내준 고모부가 고맙기만 했다.

루이제에게 그날은 평생 잊지 못할 날이었고 또 슬픈 날이기도 했다. 그것은 고모부 킨슬러에게도 마찬가지였다. 그녀가 떠나던 날, 킨슬러는 하루종일 둑방길을 오르내리며 친딸 같은 루이제를 떠나보낸 슬픔을 감추지 못했다고 한다.

어머니 없는 적적한 삶

워싱턴주로 출발하기 전, 아버지는 그녀가 한번도 만난 적 없는 외할머니와 외할아버지에게 인사시키기 위해 인디애

나주에 들렀다. 그녀는 외조부님을 만난 다음 바로 세인트 루이스에서 외삼촌과 그 가족을 만났고, 아버지가 자란 캔자스주에도 들렀다. 그해부터 루이제는 여름이면 캔자스에 들러 삼촌과 사촌들을 만나곤 했다.

워싱턴에 도착했을 때 루이제는 여러 가지 낯선 환경에 적응해야 했다. 첫째, 고모의 집에서는 그녀를 모두 '닐'이라고 불렀지만 아버지는 '루이제'라고 불렀다. 그녀는 이 낯선 이름이 마음에 들지 않은 데다가 모든 것을 바꾸어놓으려는 아버지가 원망스럽기만 했다. 닐이라는 이름이 훨씬 좋았지만, 결국 루이제라는 자신의 원래 이름을 받아들일 수밖에 도리가 없었다.

루이제와 아버지는 시애틀 근교에 있는 렌턴으로 이사했다. 그곳은 텍사스와 떨어져 있는 거리만큼이나 환경도 전혀 달랐다.

아버지는 그곳의 고등학교에서 과학과 경영을 가르쳤다. 루이제도 그 학교를 다녔는데 아버지가 자신이 다니는 학교의 교사라는 것이 여러 가지로 편치 않았다. 하지만 곧 적응했고 성적도 날이 갈수록 향상되었다.

어머니 없이 루이제와 아버지 둘만이 사는 집은 적적하기 한량없었다. 텍사스의 고모는 사랑을 많이 주는 성격이 아니었지만 루이제는 고모를 어머니상으로 마음에 담아두고 싶을 만큼 어머니가 그리웠다. 그리고 텍사스 가족이 그리웠다. 하지만 그녀는 아버지와의 새로운 일상에 적응해야 한다고 자신을 다잡았다.

아버지와 고모부 사이의 차이점을 받아들이기까지 많은 시간이 걸렸다. 아버지는 아내를 잃고부터 죽 마음에 벽을 두고 살았다. 그래서인지 고모부만큼 다정하지 않았다. 하지만 그는 인내심 깊고 친절하며, 남을 칭찬할 줄 아는 사람이었다.

딸이 질서 잡힌 생활을 하는 사람으로 성장하길 바랐던 그는 그녀에게 좋은 물건을 사는 방법과 청소, 요리 등을 가르쳤다. 또한 수영과 피아노, 성악 등을 배우게 했고 웅변학원까지 보냈다.

그는 모든 면에서 딸에게 떳떳한 아버지라고 생각했다. 하지만 루이제가 텍사스 이야기, 특히 고모부 이야기를 꺼내면 싫어하는 기색을 역력히 드러냈다. 언제부터인가 루이제는 아버지 앞에서 텍사스 이야기를 꺼내지 않게 되었다. 또 고모부의 편지를 받으면 혼자 있을 때 몰래 열곤 했는데, 편지를 열기 전부터 그녀의 눈은 그리움으로 축축이 젖어들곤 했다.

이 세상은 나의 집이 아니라네

루이제는 학교생활을 사랑했고 성적도 우수했다. 특히 수학과 과학에서 탁월한 실력을 발휘했다. 어릴 때부터 가졌던 책에 대한 열정은 나이가 들어서도 식을 줄 몰랐다. 그녀는 아버지가 졸업한 워싱턴대학에 진학하고 싶었다. 그래서 공부에 더 많은 시간을 투자했고, 대학입시에서도 뛰어난 성적을 거두어 여학생으로는 드물게 워싱턴대학에 입학하게 되었다.

하지만 입학도 하기 전 그녀는 아버지로부터 청천벽력 같은 이야기를 듣게 되었다. 고등학교 졸업식이 끝나고 모처럼 자유로운 시간과 아르바이트를 즐기던 루이제에게 아버지는 아무래도 4년제 대학에 가기에는 너무 어리다고 말했다. 아버지는 그녀가 대학에 입학하기 전 전문대학에 다니기를 원했다. 대학에서 활용할 수 있는 기술과 지식을 미리 배울 수 있기 때문이었다.

워싱턴대학으로의 진학을 간절히 원했던 루이제는 절망했다. 대공황을 막 벗어난 그 시절, 아버지는 재정적인 문제 때문에 자신을 대학에 보내려 하지 않는다고 생각했다. 결국 그녀는 아버지의 뜻을 따를 수밖에 없었다.

그녀는 윌슨 모던 전문대학에 입학했고 시애틀로 다시 이사했으며 시간은 빠르게 흘러갔다.

대학생활은 기대했던 것보다 훌륭했다. 집 근처에는 베델 교회가 있었는데, 친구 메기가 늘 화제로 삼아 얘기하던 곳이었다. 그곳에서는 매주 토요일 젊은이들의 모임이 있었고, 그들은 서로 친한 이웃사촌들이었다. 루이제는 그 모임에서 신앙생활에 대한 이야기를 나눌 수 있으리라 기대했다.

그녀가 베델 교회를 들어서는 순간, 한 흑인소녀가 하느님 앞에 고백이라도 하듯 교회 여기저기를 오가며 '이 세상은 나의 집이 아니라네'라는 아주 긴 찬송가를 부르고 있었다. 그 광경을 본 루이제는 어깨를 들먹일 정도로 깊은 감동을 받았다. 그리고 그동안 자신이 기독교인으로서 부끄러운 생활을 했다는 후회가 들었다.

몇년 전 그녀는 하느님 앞에 서약하고 세례까지 받았지만 기독교인으로서 많이 부족하다고 느끼고 있었다. 순간 그녀는 참된 신앙인이 되든지, 아니면 교회를 아예 외면해버리든지 결정해야겠다고 마음먹었다.

생활이 바뀌어야 한다. 무엇이 가장 중요할까? 내 자신? 지금 살고 있는 이 세계? 학교를 다니는 일? 아니면 하느님?

이후 루이제는 새로 태어난 기분이었다. 마음속에 변화가 일고 있었던 것이다. 자신의 삶과 일, 학업, 무엇보다 하느님을 섬기기 위한 열정이 새롭게 솟아났다. 성경도 깊이 이해할 수 있게 되었다. 그녀가 베델 교회를 다니면서 많은 것이 변해갔다.

루이제는 평일예배, 주일학교, 청년부 모임 등 시간이 있을 때마다 교회에 갔다. 특히 청년부 모임에 열성적이었던 그녀는 1935년 겨울, 크리스마스 이브의 주일학교 행사를 돕게 되었다.

운명적인 해후

빛나는 이십대 청년 카스텐 솔하임은 베델 교회의 일에 열성적이었다. 젊은이답지 않게 신앙생활이 진지했으며 하느님을 위한 일이라면 어떤 것도 마다하지 않았다. 그가 교회에서 맡은 가장 중요한 임무는 주일학교에서 중학생을 가르치는 일이었다. 1935년 겨울, 그 역시 주일학교의 크리스마스 행사에 참석하기 위해 학생들과 나란히 앉아 있었다.

그때 자리에 앉은 루이제의 눈에 열두살쯤으로 보이는 어린 학생들과 함께 앉아 있는 한 청년이 들어왔다. 루이제는 그때 청년에게 강하게 끌렸던 감정, 그의 머릿결이 얼마나 멋있었는지를 세월이 흐른 지금까지도 생생하게 기억하고 있다.

그의 인상은 루이제의 가슴에 사랑의 종을 울렸고, 강렬한 느낌은 마치 하느님이 자신의 남편감으로 예비하신 운명적 상대가 아닐까 하는 기대까지 들게 했다. 그녀의 느낌은 적중했다. 결국 그 청년은 루이제의 남편이 된 것이다.

루이제는 결혼에 대해 심각하게 생각하지 않았다. 이제 겨우 17세 된 소녀에게는 결혼보다 우선할 일들이 많지 않겠는가. 하지만 그녀의 눈은 자신도 모르게 자꾸만 그 청년의 얼굴에 가서 멈추었다. 그리고 운명적인 듯 어떤 감정이 계속 그녀를 휘감았다.

크리스마스 이브 행사가 끝난 후, 카스텐과 루이제는 교회에서 자연스럽게 만나 대화를 나누게 되었다. 그의 목소리는 한없이 부드러웠고 말투는 진솔해보였다. 또 자신에 대한 이야기를 스스럼 없이 꺼내놓았고 루이제에게 개인적인 질문도 던졌다.

그는 노르웨이에서 태어나 어릴 때 미국으로 왔으며, 지금은 아버지의 구두수선점 일을 돕고 있다고 했다. 그리고 입가에 멋쩍은 미소를 띄우며 이렇게 말했다.

"나…… 실은 두번이나 약혼했었어. 그런데 하느님은 천상배필을 가장 마지막에 만나게 해주시나봐."

그의 표정이 너무도 진지한 것이 지금 하고 있는 말이 모두 진실이라 말해주고 있었다. 루이제는 너무 빠르게 다가오는 카스텐의 태도에 당황스러웠다. 하지만 그의 옆에 있는 것이 왠지 편안하게 느껴졌고 그냥 행복해졌다.

카스텐은 눈을 깜빡거리며 물었다.

"너 어제 저녁예배에 참석했지?"

그때 설교하신 분은 윌리엄 전도사였는데 설교내용은 남자와 여자, 그리고 결혼에 관한 것이었다. 루이제는 설교내용이 참 좋았지만 이해할 수 없는 한 부분이 있었다.

남자가 결혼하기 가장 좋은 나이는 25세, 여자는 18세라고 그는 말했는데, 그렇다면 남녀가 일곱살이나 차이가 나야 좋다는 뜻인지 얼른 이해되지 않았던 것이다.

카스텐이 루이제에게 질문했다.

"몇살이니?"

"열일곱살…… 오빠는요?"

"스물넷"

서로 나이를 확인한 두 사람은 놀라지 않을 수 없었다. 윌리엄 전도사의 설교대로라면 두 사람은 내년에 결혼하기 딱 좋은 나이가 되어 있었다. 하지만 그들은 어제 처음 만나 인사만 나누었을 뿐이었다. 둘은 쑥스러운 듯 웃어버렸다.

다음날 저녁에는 크리스마스 공연이 있었다. 그날 두 사람은 잠시 만나 간단한 대화만 나누었다. 아직 어린 루이제는 남자친구를 사귈 마음이 없었고 결혼은 더더욱 생각조차 않고 있었다.

다음 일요일, 루이제는 교회친구와 함께 다운타운에서 밤을 지새우기로 약속하고 시내에 나갔다가 우연히 카스텐을 만났다. 그가 루이제를 집까지 태워주겠다고 제의하자 그녀는 기꺼이 받아들였다. 집으로 가는 자동차 안에서 단둘이 이야기를 나눌 수 있다고 생각하니 가슴이 마냥 부풀어 올랐다.

카스텐은 진지하고 생각이 깊은 청년이었다. 루이제를 대하는 태도가 진솔했고, 가식이라고는 찾아볼 수 없었다. 그는 비록 두번 약혼한 경험이 있었지만 청혼은 하지 않았다고 했다. 그것은 단지 가족 간의 정약 같은 것이었을 뿐, 재미삼아 여자를 만나는 것도 아니라고 했다.

십대 소녀에게 이런 이야기는 아주 흥미진진했다. 그들이 앞으로 어떤 사이로 발전할지 알 수 없었지만 그의 생각과 고백을 듣는 것이 즐거웠다. 게다가 남자와 이런 대화를 나눈 것도 처음이었다. 시간이 갈수록 루이제는 카스텐에 대해 더 많은 것을 알고 싶어졌다.

그날 밤, 루이제의 아버지는 친구와 시내에 있을 딸이 왜 집에 돌아왔는지 궁금해 했고, 루이제는 집까지 데려다준 남자친구 이야기를 하게 되었다. 하지만 아버지는 아직 어린 딸이 밖에서 남자친구를 만나고 다니는 것이 못마땅했다.

"넌 아직 남자친구를 사귈 때가 아니야."

하지만 루이제의 머릿속은 온통 카스텐 생각뿐이었다. 사랑에 빠져버린 것이다. 가슴이 뜨거운 열일곱 소녀에게 그 남자를 만나야 할 이유는 셀 수 없이 많았다. 그는 자상하고 유쾌하며 수줍어 보일 정도로 말씨가 부드러웠다. 그래서인가. 남들 앞에 나서는 타입이 아니었지만 그는 이미 많은 사람들에게 알게 모르게 부러움의 대상이 되어 있었다.

카스텐이 교회를 열심히 다닌 것은 사람을 사귀거나 남에게 보이기 위한 것이 아니었다. 그에게는 신앙에 대한 믿음이 있었다. 카스텐이 루이제에게 처음으로 쓴 편지에 이런 구절이 있다.

'하느님에 대한 믿음이 그대의 가슴속에 가득할지니 스스로 교만하지 않을지어다. 그대 가는 길마다 하느님이 함께 하시니 그대의 가

야 할 길을 일러주시리라.'

두 사람은 평생토록 이 글귀를 가슴에 소중하게 담아 두었다.

루이제는 카스텐이 성서를 부지런히 읽는 것이 마음에 들었다. 그의 잘생긴 얼굴과 곱슬머리도 보기 좋았고, 근면한 성격도 호감을 불러일으켰다. 카스텐은 사람이 많은 곳에서는 말수가 적었지만 둘이 있을 때는 대화하는 것을 좋아했다. 그에게는 믿음과 사고력, 미래에 대한 계획이 있었다. 그래서 루이제는 그에게 더욱 끌렸다. 모든 것에 호기심이 많았던 그는 삶 그 자체와, 삶의 길에서 만나는 모든 사람들이 탐구의 대상이었다.

카스텐의 직업은 구두를 수선하는 일이었지만, 그는 하느님의 전령 역할을 맡는 것이 자신의 주된 임무라 여겼다. 그는 교도소, 양로원을 가리지 않고 여러 곳으로 선교활동을 다녔으며 주일학교에서도 일했다. 또한 사람들을 교회로 인도하기 위해서라면 궂은 일도 마다하지 않았다. 카스텐은 자신의 이런 활동을 루이제에게 굳이 말하지 않았다. 자신이 하는 일을 남들이 알아주든 말든 중요하게 생각하지 않았기 때문이다. 모든 노력이 자신과 하느님만의 약속이기를 바랐던 것이다.

카스텐은 루이제에게 자신이 원하는 아내상을 은근슬쩍 내비쳤는데, 카스텐으로부터 이런 암시를 받은 그녀는 행복하면서도 혼란스러웠다. '내가 카스텐의 이상형일 수 있을까?' 그녀는 그의 속마음을 알 수 없었다. 그들이 만나고 함께 보낸 시간은 고작 일주일뿐이었던 것이다.

한편 카스텐은 루이제에게 아주 반해 있었다. 일주일 동안 그의 머

릿속은 온통 루이제 생각뿐이었다. 처음 그녀를 만난 .순간부터 이미
그녀에게 빠져 있었다. 그녀는 밝고 총명했으며 겸손했다. 무엇보다
하느님을 향한 믿음이 있었다. 최근 루이제가 하느님께 귀의한 사실
을 그는 믿었으며, 그녀로부터 교회로 돌아오게 된 과정을 이야기 듣
는 것이 즐거웠다.

그때 카스텐은 루이제야말로 평생을 함께 할 동반자라고 확신했
다. 더이상 망설일 필요가 없다고 판단한 그는 곧 그녀에게 청혼하리
라 마음먹었다.

9
꿈★은 이루어진다

아, 당신의 뜻인가요

카스텐 솔하임은 무언가 결심하면 반드시 이루어
내고야 마는 성격이었다. 그는 루이제에게 청혼하는 일도 자신의 성
격대로 밀어붙였다.

보통의 경우 사람들은 미혼의 남녀가 만나고 서로를 알게 되기까
지는 오랜 시간이 필요하다고 생각한다. 하지만 카스텐과 루이제는
예외였다. 만난 지 겨우 2주 만에 약혼했으니 말이다.

그들이 만난 지 2주째가 되자 카스텐은 루이제가 자신의 아내될
여자라는 믿음과 확신을 가질 수 있었다. 이제 막 만나서 사랑에 빠
지기 시작했지만 그에게는 루이제가 이 세상의 전부였고 하루빨리
결혼하고 싶었다.

그들이 서로의 존재를 안 지 열흘 남짓 지났을 때 새해가 되었다.

이날 카스텐은 루이제를 아주 특별한 곳으로 데려갔다. 루이제도 그의 속 마음이 어떤지 정말 궁금했고 그날 밤 청혼을 하지 않을까 내심 기대도 하고 있었다.

상대방을 알게 된 지 이제 겨우 열흘밖에 안 되었는데 청혼하겠다는 신성한 마음이 생길 수 있을까? 하지만 당장이 아니더라도 언젠가 그는 자신에게 청혼할 거라고 루이제에게 직감 같은 것이 왔다.

카스텐은 그녀에게 자신의 미래에 대한, 하느님이 주신 소명을 다하기 위해 살아갈 앞으로의 인생에 대하여 이야기를 시작했다. 루이제는 너무도 진지한 그의 이야기에 압도되었다.

그 와중에서도 그녀는 갑자기 카스텐이 청혼해오면 어떻게 대처할까까지지도 준비하고 있었다. 그녀는 자신을 사랑에 빠뜨린 한 남자의 이야기를 들으며 마음속으로 기도했다.

'이것이 하느님의 뜻일까? 아직은 때가 아닌데…… 아직 할일이 너무 많은데…… 하느님! 이렇게 빨리 반려자를 찾게 해주시는 것이 당신의 뜻인가요?'

"내가 바라는 건 말이야…… 만약 하느님께서 내게 어떤 소명을 주신다면 그 길을 너와 함께 하고 싶다는 거야."

루이제의 가슴은 쿵쿵 뛰었다. 마음속 저 깊은 곳에서 '네!'라는 소리가 울렸고, 그 소리를 가슴에서 크게 터뜨리고 싶었다.

카스텐을 오래 만나지도 않았고 그에 대해 잘 알지도 못하지만 왠지 그와 빨리 결혼하고 싶었다.

'하지만 이런 식으로 결혼한다면 그 누가 이해할 수 있을까? 길지 않은 시간에 이토록 중대한 결정을 내린 것에 대하여 사람들은 뭐라

고 생각할까?'

"난 집안일도 잘 못해."

루이제의 마음과 다르게 입에서는 엉뚱한 대답이 나오고 있었다.

하지만 카스텐은 전혀 동요하지 않았다.

"그건 문제가 안 돼. 나는 너에게 내 아내가 되어달라는 거지, 하녀를 원하는 건 아니니까."

그의 결심은 한치의 흔들림 없이 분명했다. 카스텐은 루이제를 아내로 맞이하고 싶었고, 그날 밤 안으로 대답을 듣고 싶었다.

루이제는 아무말도 할 수 없었다. 하지만 그를 놓치고 싶지 않았다. 그렇기 때문에 더욱 신중한 대답을 하고 싶었다. 그가 정말 그녀를 사랑하고 아내로 맞이하고 싶다면 모든 것을 이해하고 기다려줄 것이라고 믿었다.

그러나 카스텐은 당장 루이제의 반응을 애타게 기다리고 있었다. 그날 밤 안으로 대답을 해야만 했다.

순간 루이제의 혼란스러운 마음이 갑자기 평온해졌다. 그의 청혼을 받아들이는 것이 옳은 일이고 또 하느님의 뜻이라고 느껴졌다.

'그래, 카스텐만이 내 남편이 될 수 있어.'

루이제는 마음을 정하고 태도를 분명히 했다.

"하느님의 뜻이라면 나도 받아들이겠어요."

카스텐은 기뻐서 어쩔 줄 몰라했다.

이제는 마음속에 있는 모든 말을 그에게 할 수 있게 되자 그녀는 조건이 있다고 토를 달았다.

"그래요, 당신의 아내가 되겠어요. 하지만 아버지께 허락을 받아야 하니까 그때까지는 기다려줄 수 있겠죠?"

반만 받은 결혼 승낙

루이제에게 청혼한 날로부터 2주가 지난 후, 카스텐은 결혼승낙을 얻기 위해 그녀의 아버지를 찾았다. 루이제는 자신의 방에서 그들의 이야기가 끝나기만을 초조하게 기다렸다. 아버지는 분명 열일곱살밖에 안 된 자신을 아직 어리다고 생각할 것이고, 그런 아버지한테 카스텐은 어떻게 허락을 받아낼지 무척 궁금했다.

아버지와 대화를 마친 카스텐은 기운 없는 모습이었다. 그녀는 나쁜 소식일 것 같아 조바심이 났다.

"결혼하기엔 아직 어리다고 하시더군. 하지만 네가 결혼할 때가 되면 그 시기가 언제가 되었든 루이제의 남편될 자격을 갖춘 사람은 바로 나라는 말씀도 잊지 않으셨어. 그런데 아직은 결혼할 때가 아니라고 하셨어."

카스텐은 마음 같아선 당장이라도 결혼하고 싶었지만 사랑하는 사람에게 아버지를 거역하라고 요구할 수는 없는 노릇이었다.

루이제는 고등학교 시절 아버지의 뜻과는 상관없이 자신이 원하는 대로 동물 잡지를 구독했던 일을 떠올렸다.

아버지의 뜻을 거역하는 것은 도리가 아니지만 그때의 상황이나 지금의 상황은 다를 게 없다고 생각했다. 게다가 지금은 스스로 결정을 내릴 수 있는 나이였다.

'아빠가 허락을 하시든 안 하시든 나는 카스텐과 결혼하겠어.'

마음을 정한 그녀는 카스텐에게 말했다.

"6월 6일이면 내 나이 열여덟살이 되고 그러면 나도 성인이 되잖

아. 꼭 아버지의 허락을 받을 필요는 없어."

루이제의 결심으로 마침내 결혼식 날짜는 1936년 6월 20일로 정해 졌다. 루이제의 아버지는 여전히 그들의 결혼을 탐탁치 않게 생각했 다. 딸의 실망스런 결정에 서운했던 그는, 카스텐과 루이제의 결혼식 에 아버지로서 최소한의 도리만 할 뿐 다른 것은 상관하고 싶지 않 다고 말했다. 그리고 이렇게 덧붙였다.

"결혼식에는 가지 않으마. 하지만 결혼식 비용 100달러와 하객들 을 대접할 수 있는 고기를 선물하마."

부모님 없이 올린 결혼식

결혼 피로연은 카스텐의 집에서 치러졌다. 약혼식 때 루이제는 카스텐의 부모님을 처음 만났었다. 그때 카스텐의 어머 니는 루이제에게 자신의 아들과 결혼하기 전에 반드시 알아두어야 할 것이 있다고 했다.

그런데 기껏 하는 소리가 카스텐을 키우기 쉽지 않았다는 것이었 다. 친구들과 많이 싸웠고, 나이에 비해 키가 작아서 놀림도 많이 받 았다, 또 심부름을 시켰는데 여기저기 돌아다니면서 시간을 보내느 라 몇 시간이 지나도 집에 돌아오지 않는 일이 허다했다는 등 썩 듣 기 좋지 않은 험담뿐이었다.

카스텐은 자신에게 아버지와 새어머니에 대해 좋지 않은 말을 한 적이 한번도 없었다. 그래서 루이제는 그가 가족들한테 만족하고 있 다고 생각했었다. 그런데 시어머니는 과연 아들을 이해하고나 있는

지 의심스러웠다.

시어머니의 말대로라면 카스텐은 그저 평범한 아이에 불과했고 심하게는 혼자서 할 수 있는 일이 거의 없는 철부지라는 결론까지 내릴 수 있었다.

'어떻게 이런 말을 할 수 있지? 그것도 약혼식 날에……'

루이제가 생각하는 카스텐은 앞으로의 계획과 목표를 진지하게 세우고 있는 훌륭한 청년이었다. 아버지의 가게를 물려받아 근사하게 꾸려나가고 있지 않은가? 게다가 그는 교회에서도 항상 열심히 일하는 신앙심 깊은 사람이었다.

루이제는 시어머니의 말에 신경쓰지 않았고, 틀림없이 어머니가 아들을 잘못 이해한 거라고 짐작했다. 그녀는 카스텐이 어떤 사람인지 누구보다 잘 알고 있다고 확신했다. 그리고 그와의 결혼을 선택한 자신의 결정을 조금도 후회하지 않았다.

카스텐과 루이제는 교회에서 결혼식을 올리고 싶었다. 그런데 카스텐의 어머니는 루이제의 아버지가 주신 100달러로는 비용이 턱없이 모자란다는 이유로 교회에서의 결혼식을 한사코 반대했다.

결국 그들은 루이제의 18세 생일이 지난 어느날, 윌리엄 목사님 댁에서 결혼식을 올렸다. 결혼식에는 카스텐의 동생 레이와 루이제의 가장 친한 친구 존슨이 참석했다.

카스텐의 어머니는 피로연을 준비해주었고, 루이제의 아버지는 약속대로 하객을 대접할 고기를 마련해주었다. 하지만 끝내 그는 딸의 결혼식장에 나타나지 않았는데, 그 일은 두고두고 루이제의 가슴에 아픈 상처로 남았다.

1986년 카스텐 부부는 결혼 50주년, 금혼식을 맞았다. 그들은 63년 8개월의 결혼기간 동안 잠언집 3장 5~6절 말씀을 철칙으로 삼았다.

당시 루이제는 자신도 이미 18세의 나이로 성인이 되었고, 부모님의 동의 없이 무엇이든 결정할 수 있는 나이가 되었다고 스스로를 합리화했었다. 하지만 세월이 지날수록 자신의 생각이 짧았음을 깨달았고 그렇게밖에 처신하지 못했던 행동이 후회스러웠다. 좀더 기다려서라도 아버지의 축복을 받으면서 결혼했어야 했다.

훗날 그녀는 결혼을 준비하는 사람들에게 만일 다시 결혼하게 된다면, 그때는 반드시 아버지의 허락을 받은 후에 결혼식을 올릴 거라고 말하면서 자신의 경우를 들려주곤 했다.

카스텐은 신혼여행 경비를 마련하기 위해 동생 레이에게 25달러에 자신의 차를 팔았다. 그리고는 다시 그 차를 빌려 신혼여행길에 올랐다. 그는 사랑하는 아내와 함께 집안의 여름별장이 있는 시애틀 근교의 스퀘아미시로 향했다. 그들은 별장에서 며칠을 보내고 이곳저곳을 다니며 꿈 같은 시간을 보냈다. 그리고 제2의 인생을 시작할 곳으로 돌아왔다.

그들 부부가 타코마와 시애틀 사이쯤, 그러니까 집에서 한 시간 정도 떨어진 곳까지 왔을 때 낡은 자동차가 말썽을 부리고 말았다. 갑자기 차에서 무언가 부서지는 듯한 소리가 났던 것이다. 카스텐은 길가에 차를 세우고, 차 밑으로 기어들어가 여기저기를 만져보더니 원인이 부서진 베어링 때문이라는 것을 밝혀냈다.

갈아 끼울 만한 부품은 아무 것도 없었다. 할 수 없이 그는 인근 가정집에서 베이컨 껍질, 그러니까 돼지 껍데기를 얻어다가 그것을 임시 베어링으로 쓰는 재치를 발휘했다. 소리는 한층 부드러워졌고 그들은 무사히 집으로 돌아올 수 있었다.

그들이 집에 도착했을 때 임시로 끼워둔 베이컨 껍질이 바싹 익어 있었다는 이야기는 카스텐 집안에서 하나의 유명한 일화가 되어버렸다. 이때 루이제는 카스텐에게 뛰어난 재치가 있다는 사실을 깨닫게 되었다.

구두수선점 운영권을 물려받다

루이제와 결혼한 카스텐의 삶에 많은 변화가 찾아왔다. 그의 아버지는 카스텐이 결혼하자마자 제화점 운영권 전체를 아들에게 넘겨주었다. 이제는 자신만의 사업체가 된 것이다. 주문도 스스로 받고, 수입도 스스로 관리해야 했다.

카스텐은 아버지의 일을 죽 도와왔고 손재주도 좋았지만 이것만으로 사업이 되는 것은 아니었다. 지금까지는 아버지로부터 월급을 받고 일했기 때문에 수익이 얼마인지 신경쓸 필요가 없었지만, 내야 할 돈을 제때 지불하고, 필요한 물품을 주문하고, 재고를 관리하는 등 가게 전체를 혼자 꾸려나가야 했다. 또 가정생활을 영위하려면 적어도 일주일에 15달러의 수익은 남겨야 했다.

솔하임 부부가 신혼집으로 구한 아파트의 월세가 15달러였다. 그리고 일주일분 식료품을 사는데 5달러가 들었다. 불을 떼기 위해서는 장작도 필요했고, 빨래도 해야 했다. 그들 부부는 빠듯하지만 그럭저럭 생활을 꾸려나갈 수 있었고 행복했다.

카스텐은 다른 일과 마찬가지로 남편으로서의 의무에도 충실하려고 노력했다. 그는 가게일이 바쁘면서도 식료품을 사다주는 일을 곧잘 해주었다. 하지만 가사일은 전혀 돕지 않았다. 전통적으로 노르웨이 남자들은 집안일을 전혀 돌보지 않았는데 그도 예외가 아니었던 모양이다.

루이제는 남편을 깊이 알아갈수록 그의 새로운 면을 발견했다. 가게를 꾸려나가는 것만으로도 바쁠텐데, 그는 다른 일들을 찾아다녔다. 성격상 그는 한시도 하는 일 없이 시간을 보내지 않았다. 그러므로 매일 저녁식사 후에도 집에 있지 않고 어디든 나가야만 했다. 하지만 이런 카스텐의 습관도 오래가지 않았다. 루이제가 아기를 임신한 것이다.

1937년 루이제는 첫아들을 낳았다. 그리고 카스텐 루이스(Karsten Louis)라고 이름지었다. 아이를 낳자마자 솔하임 부부는 구두수선점 안에다 살림을 꾸렸다. 그곳에서 카스텐은 한동안 일했다. 그로부터 1년 후 그들의 하나밖에 없는 딸 산드라(Sandra)가 태어났다. 산드라는 아주 예뻤지만 병치레가 잦아 잔신경을 많이 써야 했다. 아빠를 닮은 그녀는 심성이 곱고 모든 사람에게 다정하게 대했다.

1940년 3월에는 둘째 아들 앨런 데일(Allan Dale)이 태어났다.

결혼한 부부를 변화시킬 수 있는 것이 무엇일까. 그것은 아이를 갖는 일일 것이다. 세 자녀의 부모가 된 솔하임 부부의 생활은 훨씬 더 바빠졌다. 부양해야 할 가족이 늘어난 만큼 인생의 속도도 빨라지는 법이다.

그들은 아이들을 돌보느라 교대로 교회에 나갔다. 루이제가 교회를 가면 카스텐이 아이들을 돌보고 다음날은 그 반대로 하고, 이런 생활의 연속이었다.

어느 순간 루이제는 남편에게 아이들을 맡기지 않기로 결심했다. 남편이 마지못해 아이들을 본다던가 제대로 돌보지 못해서가 아니었다. 다만 교회에서 돌아오면 가게일에 지쳐 잠들어 있는 남편과 여기저기 널려 있는 기저귀가 그녀의 마음을 아프게 했던 것이다.

평범함 속에서 행복 찾기

솔하임 부부의 살림살이는 모두 초라했고 재산도 많지 않았다. 카스텐은 가족을 부양해야 했기에 하는 일에 비해 보수가 적은 정부의 일을 따냈는데, 그 넘치는 일거리를 소화하기 위해 밤을 세우는 일도 잦아졌다.

한편 루이제는 남편이 구두수선 일을 계속 하는 한 그의 타고난 호기심과 재치가 사그러드는 것은 아닐까 걱정되었다. 그녀는 남편의 일을 존중했지만, 한편으로는 그의 자질과 재주를 더욱 돋보이게 해줄 다른 일이 있을 거라고 늘 생각해왔다. 하지만 그에게 그녀의 의견을 직접적으로 표현하지는 않았다.

그녀가 중요하게 생각한 것은 무엇보다 카스텐이 자신의 일을 얼마나 즐기고 있는지에 대한 문제였다. 보람을 느끼기 위해서는 하는 일이 즐거워야 할 것 아닌가?

카스텐은 루이제에게 청혼한 이후로 한번도 자신의 미래 계획이나 포부를 이야기한 적이 없었다. 어느날 루이제는 큰맘 먹고 그에게 물어보기로 했다.

"여보, 당신은 지금 하고 있는 일에 만족하나요?"

카스텐은 멋쩍은 표정으로 머리를 긁적이면서 말했다.

"음…… 난 항상 최선을 다해서 구두를 고치고 있잖아? 난 만족해, 여보."

사실 그의 대답은 진심이 아니었지만 루이제는 그것을 알아차리지 못했다. 그녀는 남편이 얼마든지 이보다 나은 일을 할 수 있다고 믿었지만, 그렇다고 현재가 불행하지 않았고 오히려 어느 면에서는 만족하고 있었다. 루이제는 모든 것을 남편 뜻에 따르기로 했다.

당시만 해도 부유한 사람이 극히 드물던 때인지라 누구라도 어려운 현실에 자족하고 살 줄 알았다. 루이제 역시 그런 마음가짐이었다. 심지어 그녀는 주일예배에 입고 갈 정장이 단 한 벌뿐일 정도로 검소한 생활을 했다.

하루는 큰맘 먹고 새옷을 사려고 시장에 나간 루이제는 세 벌이 마음에 들었는데 그중에서 한 벌만 골라내기가 무척 어려웠다. 결국 그녀는 세 벌을 모두 빌려서 집에 들고와 남편에게 보여주었다. 그가 골라준 옷을 사려고 했던 것이다.

카스텐은 세 벌을 모두 사라고 권했다. 순간 루이제는 세상에서 가장 큰 부자가 된 우쭐한 기분이었다.

이처럼 작고 평범한 일에서 큰 행복을 느꼈던 이들 부부는, 그들에게 운명의 전환과도 같이 훨씬 더 나은 일들이 다가오고 있으리라고는 꿈에도 생각지 못했다. 솔하임 부부가 셋째 아이를 낳은 후 예상치 못한 변화는 시작되었다.

10

새로운 지평선 — 앞으로, 위로

행복을 위한 필수조건

1930~40년대 시절의 솔하임 부부는 살림살이가 넉넉하지 못했지만 그래도 마냥 행복했다. 그들은 재산이 없다고 해서 불행감을 느끼지 않았고 다른 사람과 비교하지도 않았다.

귀여운 세 아이가 있었기에 행복할 수 있었고 자신들에게 주어진 삶에 감사하며 검소하게 살았다. 그들의 이런 마음가짐은 행복에 더 가까이 다가설 수 있도록 도와주었다.

카스텐은 친구나 주변사람이 결혼생활에 만족하지 못하고 불행하게 되는 삶을 지켜보면서 "마음이 중요한 거지. 정신이 건강하다면 행복하지 못할 이유가 없잖아"라고 충고했다. 그는 사람이 불행해지는 것은 신의 뜻이 아니고 스스로 불행을 자초하기 때문이라고 믿어 의심치 않았다.

카스텐에게 있어 건강한 정신이란, 전심을 다해 모든 일에 임하는 것을 의미했다. 그는 가족이나 주변사람과의 관계뿐 아니라 자신이 하고 있는 모든 일에서 하느님을 섬기는 것이 가장 중요하다고 생각하여 그것에 우선적으로 최선을 다했다.

이런 태도는 훗날 그가 골프업계에서 크게 성공할 수 있는 비결이 되었다. 그는 아무리 사소한 일이라도 대충 넘기려 하지 않았다. 자신이 맡은 일이라면 그 일이 크건 작건 간에 끝까지 완벽하게 해냈던 것이다.

남과 다른 사업방식

구두를 수선하는 일은 기술과 성실성을 요구하면서 동시에 세심한 부분까지 신경써야 하는 어려운 작업이었지만, 카스텐은 이 일을 훌륭하게 해냈다. 그는 나중에 후회하기보다 자신이 갖고 있는 모든 에너지를 다해 최대한 완벽하고 정확하게 구두를 수선했다. 그리고 고객도 자신이 최선을 다했다는 사실을 인정해주길 원했다.

그는 이러한 철학을 훗날 골프클럽 디자인과 제조에도 적용했고, 결국 골프업계를 뒤바꾼 큰 인물이 되었다.

또 '뿌린 대로 거둔다'는 오래된 경제 명언을 믿고 있던 그는 좋은 재료를 사용하여 뛰어난 제품을 만들었다면 당연히 제값을 받을 수 있어야 한다고 생각했다.

카스텐이 구두수선점을 운영하고 있을 때 한번은 이웃의 가게에서 그와 경쟁하기 위해 가격을 내린 적이 있었다. 처음 양쪽 가게는 모두 숙녀용 하이힐의 가죽굽을 교체하는데 25센트를 받았다. 원가는 고작 반에 불과했으므로 나머지는 모두 소득인 셈이었다. 그런데 옆 가게에서 가격을 15센트로 낮추었다. 그때 카스텐은 단골손님을 모두 빼앗기게 될지도 모른다는 걱정이 앞섰고, 그래서 할 수 없이 자신의 가게 유리문에도 가격을 낮춘다고 써붙였다. 얼마 지나지 않아 한 손님이 이렇게 물었다.

"하이힐 수선비용을 왜 갑자기 내린 거죠? 품질이 떨어지는 건 아닌가요?"

물론 품질은 그대로이고 가격만 변했을 뿐이었다. 그래서 카스텐은 달리 할 말이 생각나지 않았다.

"그냥 세일일 뿐이에요."

같은 날 다른 손님도 같은 질문을 던졌다.

카스텐은 결국 싼 게 비지떡이란 속담처럼, 고객은 가격이 낮으면 그만큼 품질도 떨어진다고 생각하는 새로운 사실을 깨달았다. 그는 전과 같이 가죽 하이힐을 만들었고 가격만 낮추었을 뿐인데, 고객은 가격이 낮아진 이유가 정성을 덜 들였거나 값싼 재료를 사용했기 때문이라고 생각했다.

카스텐은 즉시 가격할인 안내문을 떼어냈다. 그리고 자신은 다른 가게보다 더 좋은 재료를 사용하고 수공기술도 더 뛰어나다고 확신했다. 그때부터 그는 가죽 하이힐의 수선비를 원래 가격보다 5센트 더 올려 30센트를 받았다.

손님들은 이렇게 묻기 시작했다.

"저기 옆에 있는 가게보다 왜 더 비싸지요?"

카스텐은 자신있게 대답할 수 있었다. 그는 우선 가죽을 좀 잘라서 카운터 위에 올려놓고 손님들이 직접 만져보게 했다.

"어때요? 이제 저희 가게는 훨씬 더 좋은 가죽을 재료로 쓴다는 것을 아시겠죠?"

그날 이후부터 손님을 다른 가게에 빼앗길 걱정 따위는 하지 않아도 되었다. 이때 카스텐은 뛰어난 기술과 좋은 재료로 만든 제품이라면 값이 아무리 비싸더라도 고객이 외면하지 않는다는 중요한 교훈을 얻었다. 이 교훈은 오늘날 카스텐 매뉴팩튜어링의 정책에까지 기본적인 영향을 미치고 있다.

그날 이후로 카스텐은 구두를 수선할 때나 골프클럽을 생산할 때나 손님을 더 많이 끌기 위해 일부러 가격을 내린 적이 없었다.

더 좋은 제품을 사기 위해 더 비싼 돈을 지불하는 것은 당연한 경제원칙이다. 옷이나 자동차, 주택, 기타 다른 품목과 마찬가지로 골프클럽에서도 당연히 이 원칙이 적용된다.

주문 제작한 골프클럽은 상당한 고가이다. 하지만 가격만 보고 골프클럽을 사는 사람을 위한 제품이라면 할인매장이나 스포츠용품점에 얼마든지 있다.

카스텐은 골프사업을 처음 시작할 때부터 가격보다 품질을 먼저 따지는 선수들을 상대로 골프클럽을 만들기로 기본정책을 세웠다. 그는 자신이 제작한 제품은 품질이 매우 뛰어나므로 다른 제품보다 당연히 비싸게 팔아야 한다고 생각했고 그 전략은 적중했다.

비싼 가격에도 불구하고 카스텐의 구두점으로 손님이 찾아왔던 것처럼, 골프클럽을 사려는 사람들도 카스텐 매뉴팩튜어링으로 몰려들었다. 그리고 종국에는 골프업계의 정상으로 우뚝 서게 되었다.

세일즈맨으로의 방향전환

어린 시절을 어머니 없이 불우하게 보낸 카스텐은 조그마한 구두점 수선공으로 시작해, 나중에는 미국에서 가장 성공한 사업가 가운데 한사람이자 골프업계에서 대단히 유명한 인사가 되었다. 아무 것도 없는 상태에서 어떻게 이런 위대한 성공을 거둘 수 있었을까? 물론 성공을 거두기까지 그가 많은 좌절과 어려움을 겪었을 거라는 짐작은 누구라도 쉽게 할 수 있을 것이다.

골프클럽을 시작하기 전부터 카스텐은 사업을 배울 기회가 많이 있었다. 특히 구두수선점을 정리하고 판매원으로 일했던 경험은 그가 사업가로서 성공할 수 있는 발판이 되어주었다.

구두수선점을 운영하던 어느날, 카스텐은 스케이트를 타다가 넘어져 그만 손목을 삐는 사고를 당하고 말았다. 그는 몇주 동안이나 일을 할 수 없게 되었다.

당시에는 사고보험제도가 없었고, 사고로 인한 손해를 감당할 만큼 저축을 많이 해놓은 상태도 아니었다. 당장 일하지 않으면 가족이 생활고에 시달릴 판이었다. 마냥 손 놓고 있을 수만 없었던 그는 무언가 다른 일을 해야 했다. 그때 카스텐의 머릿속에 주방용품에 대한 새로운 아이디어가 떠올랐다.

그가 부상을 당하기 전 어느날인가 솔하임 부부는 한 주방용품 판매원의 초대로 파티에 간 적이 있었다. 주방용품 '미라클 메이드'를 만드는 어드밴스 알루미늄 캐스팅이란 회사에서 주관한 파티였는데, 알루미늄 합금 팬으로 요리하는 신제품을 소개하기 위한 것이었다. 그 제품은 당시 아주 인기있는 품목이었고 전국에서 많은 주부들이 이 팬을 구입했다.

카스텐은 그 제품에 관심을 가졌다. 기름이나 버터, 심지어 물이 없어도 어떻게 그렇게 많은 요리를 만들 수 있는지 궁금해졌다. 카스텐은 그 신기한 물건을 직접 시험해본 결과 제품의 비밀은 뚜껑의 설계에 있다는 것을 알아냈다.

그 팬의 바닥은 다른 부분보다 더 두꺼웠고 뚜껑은 꼭 조이게 되어 있었는데, 이러한 설계에 의해 발생하는 압축효과로 인해 요리가 잘 되는 것이었다. 카스텐은 이 아이디어가 너무도 신선하게 생각되어 제품을 판매하기로 결심했다.

1940년 카스텐은 구두수선점을 미련없이 정리하고 '미라클 메이드'를 팔기 시작했다. 하지만 새로운 일을 시작한다는 게 결코 쉬운 일은 아니었다.

처음에는 위탁판매를 할 수밖에 없었고 그러니 일정한 수입이 보장되지 않아 매우 쪼들렸다. 게다가 그는 세일즈 기술도 배워야 했다. 무엇보다도 직장까지의 거리가 너무 멀어 그만큼 가족과 함께 있는 시간이 단축되었다.

결국 솔하임 가족은 일년 만에 루이제의 친정집으로 이사했고 이후 몇년 동안 여러 군데로 이사다녀야 했다.

하지만 카스텐은 자신이 판매하는 물건에 대한 확신이 있었고 새로운 기술에 대한 신념을 놓지 않았다. 판매원으로서의 자질을 키워 나간 카스텐은 오래 가지 않아 엄청난 성공을 거둘 수 있었다. 판매원으로 일한 지 2년 만에 미국 서부지방에서 '미라클 메이드' 최고의 세일즈맨이 된 것이다. 이에 대한 보상으로 본사에서는 그에게 캘리포니아 지점장 자리를 내주었다. 이때부터 그는 주당 40달러의 보수와 판매되는 모든 물량에 대한 보너스도 지급받을 수 있었다.

1941년 가을, 솔하임 가족은 프레스노로 이사했고 수입도 전보다 훨씬 많이 늘어났다.

루이제는 프레스노로 이사온 것이 너무 행복했다. 카스텐이 비록 가족과 함께할 수 있는 시간이 줄어들었지만, 회사에서 더 높은 자리로 승진하면 그땐 좀 나아질 거라고 생각했다.

루이제도 세 아이를 키우느라 바쁜 시간을 보냈다. 그즈음 그녀에게는 남편에 대한 작은 불만들이 생겨나고 있었다. 카스텐은 루이제와 생각이 맞지 않을 때 그녀의 의견을 곧잘 무시했는데, 루이제가 간혹 자신의 의견을 주장하면 "책이나 좀더 읽지, 그래"라고 면박을 주었던 것이다. 그럴 때마다 루이제는 상처받았지만 그가 정말 자신을 무시하는 마음이 아니란 것을 잘 알고 있었기에 자연스럽게 넘어가곤 했다.

그때까지도 루이제는 남편의 천재성을 인식하지 못했지만 그가 아주 특별한 사람이라는 것만은 인정했고 남편을 믿기로 했다. 그나마 다행인 것은 대체로 생각이 잘 통한다는 점이었다.

카스텐은 주변사람의 의견을 좀처럼 받아들이지 않는 사람이었다. 특히 어떤 일을 하는데 있어 그 해결책을 강구할 때나 누군가와 경쟁할 때는 한층 더했다. 아마도 이 모든 것들이 구두수선공으로 일할 때부터 길들여진 게 아닐까. 카스텐은 큰 돈을 벌기 위해서는 무언가 직접 제조해야 한다는 사실을 깨달았다. 아무리 판매원에게 많은 보수를 준다고 해도 결국 큰 이익을 보는 쪽은 그 제품을 생산하는 회사측이었다. 어느날 카스텐은 루이제에게 말했다.

"언젠가 사람들에게 꼭 필요한 물건을 직접 생산하고 싶어."

훗날 이 말이 현실로 이루어지긴 했지만, 당시 '미라클 메이드' 판매원으로서 능력을 인정받았던 그가 굳이 다른 일을 찾을 이유가 없었고 카스텐도 이 일에 만족했다.

그러나 1941년 일본이 진주만 기습을 감행해 미국이 전쟁에 참여하게 되자 사정은 달라졌다. 미국은 유럽에서 발발한 전쟁에 참전하지도 않았는데, 일본군이 선전포고 없이 진주만을 기습하는 바람에 수천 명의 미군이 전사하고 7함대 소속 군함 대부분이 침몰하는 사태가 발생한 것이다. 미국은 이제 더이상 참전을 미룰 수 없었다.

미국의 수많은 젊은이들이 유럽과 태평양 지역에서 벌어진 2차세계대전에 참전하기 위해 떠났다. 남아 있는 사람들도 전쟁수행을 위한 일을 해야 했고, 기업도 전쟁물자를 만들기 위해 생산방향을 변경해야 했다. 때문에 미국의 다른 사람들과 마찬가지로 솔하임 가족의 생활도 극적으로 바뀌게 되었다.

2차세계대전이 바꾼 그의 운명

진주만 기습이 발생하고 하루 만인 11월 8일, '미라클 메이드' 지점장들에게 전보가 배달되었다. 그동안 판매하기 위해 쌓아둔 재고까지만 팔 수 있다는 내용이었다. 알루미늄은 전쟁물자를 만드는 필수 금속이었기 때문에 전쟁이 끝날 때까지 더이상 알루미늄으로 된 가정용품을 만들 수 없게 된 것이다.

전쟁은 오래 가지 않을 것 같았지만 '미라클 메이드' 재고가 떨어지자 카스텐의 일자리도 없어졌고 수입도 끊겨버렸다.

카스텐은 가족을 부양할 또다른 방법을 찾아야 했다. 어느날 그는 지역신문 구인광고를 보던 중 공학을 전공했거나 그와 유사한 경력을 가진 사람을 군에서 뽑는다는 광고문구를 발견했다.

카스텐은 워싱턴대학에서 공학을 전공하긴 했지만 1년밖에 다니지 못했다. 하지만 그 광고에 관심이 갔던 그는 캘리포니아대학의 10주 공학과정에 등록했다.

공학과정을 시작하자마자 카스텐은 마치 숨쉬듯 자연스럽게 공학적 원리들을 공부했다. 하루는 한 교수님이 아무도 풀지 못할 거라면서 어려운 문제를 냈는데, 카스텐은 그것을 너무도 쉽게 풀어버려 교수를 놀라게 한 적도 있었다.

다른 사람들에 비해 성적이 월등했던 그는 샌디에고에 있는 정부지원 항공기 제작회사인 콘베어(현 제너럴 다이나믹스)에서 일하게 되었다.

1942년 4월, 솔하임 가족은 샌디에고로 이사했다. 하지만 급여가 너무 적어 생활이 어려워진 그는 다시 샌디에고 남쪽에 있는 내셔널시티의 조선소로 직장을 옮겼다.

그곳에서는 정부에서 발주한 콘크리트배 22척을 건조하고 있었는데, 강철로 만든 배는 제작기간이 너무 길어 철골구조에 콘크리트를 부어 배를 만들었다. 카스텐은 그곳에서 강철을 좀더 빠르고 효율적으로 구부릴 수 있는 공구를 개발했다.

회사에는 일주일에 한번씩 뛰어난 아이디어를 낸 사람에게 상을 주는 제도가 있었다. 그런데 매주 카스텐이 계속하여 그 상을 휩쓸게 되자 나중에는 한 사람이 한 달에 한번 이상은 상을 받을 수 없도록 규정을 바꾸었다.

이에 대해 카스텐은 불공정한 규정이라고 항의했다. 회사는 결국 아이디어를 이름 대신 암호로 제안하도록 했고, 시상 때까지 누가 그 제안을 냈는지 비밀에 부치겠다고 발표했다. 카스텐은 이후에도 몇 번 더 상을 받았지만 더이상 전과 같은 열정적인 창의력을 발휘하지는 않았다.

점핑의 순간

1943년 카스텐은 시애틀에 있는 워싱턴 주정부로부터 군에 입대하라는 통보를 받았다. 시애틀로 떠나기 전 그는 루이제에게 전쟁이 끝나면 샌디에고 지역에서 계속 일하고 싶은 의견을 말했다. 그래서 그는 샌디에고에 있는 리안(Ryan) 항공사에 응시했고 그들은 카스텐의 이력이 마음에 든다며 함께 일하자고 했다. 카스텐은 현재 자신이 징병대상이니 전쟁이 끝난 다음에야 일할 수 있겠다고 대답했다. 그러자 그들이 물었다.

"아이들이 몇 명인가요?"

"셋입니다."

"아이 아버지는 군에 가지 않을 수 있어요."

그들은 새로운 정보를 알려주었다.

결국 카스텐의 징병은 유예되었고, 그는 리안 항공에서 바로 일하게 되었다. 이곳과의 인연은 그에게 아주 좋은 기회를 제공해주었다.

카스텐은 이곳에서도 두각을 나타내기 시작했다. 선임자들이 새로운 일을 맡길 때마다 헤매지 않고 시원하게 해내는 그의 능력을 동료들은 모두 타고났다며 감탄하게 되었다.

어느날 아침, 회사에 출근한 카스텐은 눈이 휘둥그레졌다. 자신의 책상이 없어진 것이다. 그는 동료에게 책상을 누가 어디로 옮겼는지 물어보았다.

"승진되셨어요. 우리가 선임 엔지니어에게 추천했거든요."

평소 카스텐은 현재의 팀에서 자신이 교육을 가장 적게 받았기 때문에 빠른 승진에 불리한 입장이라고 생각했었다. 하지만 다른 직원들은 모두 그를 뛰어난 엔지니어로 인정했고 회사에서도 창의력이 가장 풍부한 사람이라고 받아들였다.

1942년 말 해군항공국에서는 처음으로 고안된 FR-1 파이어볼을 설계에서부터 개발, 생산까지 모두 리안 항공에 맡겼다. 파이어볼 전투기는 기존의 피스톤 엔진과 프로펠러에 제트 엔진의 장점을 접목시킨 방식으로, 미해군에서 사용한 최초의 제트기였다.

한편 리안 항공은 제트기 개발에 박차를 가하여 일본 자살특공대 카미카제에 맞설 수 있는 전투기를 만들기 위해 노력했다.

파이어볼은 제트 엔진 또는 터보 프로펠러 엔진 단독으로 비행할

1946년 카스텐이 어린 아들 존을 손바닥으로 들어 올리고 있다. 셋째아들 존은 49세가 되던 해에 PING의 2대 사장에 취임했다.

수도 있지만, 최상의 성능을 발휘하려면 두 가지 방식을 동시에 사용해야 했다.

이때 카스텐은 최초의 제트 전투기인 FR-1 파이어볼을 개발하는 프로젝트에 참여하게 되었고, 그 프로젝트의 선임 기계엔지니어가 되었다. 그는 테스트 파일럿을 포함하여 그 일과 관계된 많은 사람들을 만나게 되었는데, 곧잘 테스트 파일럿을 집으로 초대해 저녁을 대접하고 절친한 관계를 만들어나갔다. 특히 아이들이 그 손님들을 매우 좋아했다. 그중 한 사람이 사고로 사망했을 때 솔하임 가족은 큰 충격을 받았을 정도였다.

1945년 12월, 현재 카스텐 매뉴팩튜어링의 CEO인 셋째아들 존 앤드류가 태어났다. 존이 태어난 지 6주밖에 안 되었을 때 카스텐은 워싱턴 DC 근처에 있는 해군항공기지를 방문했다. 그곳은 패터센트 리버 항공기지로 그곳에서 파이어볼의 최종 성능시험이 있었다.

카스텐이 돌아왔을 때 존은 벌써 100일이 되어 있었다. 그는 가족과 너무 오래 떨어져 있어야 하는 이런 상황을 좋아하지 않았다. 루이제도 많이 지쳐 있었다.

전쟁이 끝나자 카스텐은 일반 회사에서 일하고 싶었다. 워싱턴에서 샌디에고로 돌아오는 길에 그는 '미라클 메이드'가 어떻게 활동하는지 알아보기 위해 시카고에 들렀다. 이 여행은 카스텐 솔하임이 또다른 행운을 만날 수 있는 계기가 되었다.

11

기회는 시련과 함께 온다

더 높은 곳을 향하여

2차세계대전이 끝나자 미국 시민들의 생활용품 수요가 급격히 늘어났다. 전쟁기간 동안 기업들이 모두 전쟁물자를 생산하는데 집중했기 때문에 생활용품이 턱없이 부족하게 된 것이다.

군수업체에서 일하던 수많은 다른 사람들과 마찬가지로, 카스텐도 전쟁이 끝난 후 일반 회사에서 일할 수 있을지 걱정스러웠다. 그는 주방용품 '미라클 메이드' 판매에서 크게 성공했던 경험을 떠올렸다. 그 회사를 찾아가면 자신을 기억하고 반겨줄 것이 틀림없다고 믿어 그곳을 방문했다.

미라클 메이드 사람들은 카스텐의 기대를 저버리지 않았다. 그들은 전쟁이 일어나기 전 회사의 전국 최고 판매원이었던 카스텐을 잘 기억하고 있었다. 카스텐이 성실하고 양심적인 사람이란 것도 잘 알고 있었기 때문에 회사는 더 좋은 대우를 해줄테니 함께 일하자며 선뜻 그를 받아주었다.

마침 회사에서도 전쟁이 끝나자마자 미라클 메이드 제품이 다시 생산라인에 들어갔고, 캘리포니아 전 지역을 관리해줄 사람이 필요하던 참이었다. 처음 이곳을 다녔을 때 그의 직급은 지점장이었지만, 이제는 여러 지점을 관리하는 위치까지 오른 것이다.

급여도 1946년 당시로서는 매우 높은 수준인 주당 75 달러였고, 자신이 관리하는 지역에서 판매되는 모든 물량에 대한 보너스도 받았다. 처음 '미라클 메이드'를 판매할 때와 비교한다면 엄청난 발전이었다.

카스텐은 샌프란시스코 남쪽의 캘리포니아 전 지역을 맡았다. 1947년 그는 프레스노 주립대학 근처에 대저택을 구입하여 가족과 함께 그곳에 정착했다. 한편 보수가 많아진 만큼 전보다 더 바쁘게 일해야 했고 당연히 가족과 지내는 시간은 줄어들 수밖에 없었다.

카스텐은 전에 함께 일했던 판매원을 다시 채용했고 새로운 판매원도 고용했다. 그는 새 판매원들에게 일일이 주방용품을 많이 팔 수 있는 비결을 가르쳤다. 때문에 사업이 점점 커질수록 그는 많은 시간을 길에서 보내야 했다.

루이제는 친정 아버지에게 아이들을 모두 대학에 보낼 수 있을 정도로 집안형편이 좋아졌고, 새로 이사온 집 근처에는 프레스노 주립대학도 가까이 있다는 내용의 편지를 보냈다. 아버지는 루이제에게 이참에 프레스노대학에 입학해 공부하는 것이 어떻겠냐는 답장을 보내왔다.

그녀도 아버지의 생각에 동의했지만 막내아들 존이 아직 어려서 유치원에 들어갈 때까지 기다리기로 했다. 그녀는 당시 미취학 아동을 위한 보육시설이 있다는 사실을 알지 못했던 것이다. 좀더 일찍 공부를 시작할 수 있는 기회였는데 말이다.

가족과 떨어져 보낸 일년

1949년 '미라클 메이드' 제품을 생산판매하던 어드밴스 캐스팅 사는 미주리의 세인트 루이스 지역에 새로운 지점을 만들었다. 여기에 최고의 인력을 보내기로 결정했고 회사에서는 카스텐이 적임자라고 생각했다.

하지만 루이제는 카스텐이 어느 한곳에 정착하기 전에는 이제 더 이상 아이들을 데리고 번거로운 이사를 다니지 않겠다고 선언했다. 어쩔 수 없이 카스텐은 일년 동안 가족과 떨어져 지내야 했다. 당시 카스텐의 수입이 비교적 넉넉한 편이었지만 그래도 두 집 살림은 경제적 부담이 되었다. 그래서 루이제는 인근 프레스노대학의 학생들을 대상으로 하숙을 쳤다. 그러자니 네 아이와 고생이 말이 아니었지만, 빠듯한 생활비는 벌충해나갈 수 있었다.

그해 크리스마스 휴가가 되어서야 세인트 루이스에 있던 카스텐은 가족과 함께 성탄절을 보내기 위해 1달러짜리 크리스마스 트리를 사들고 비로소 집으로 돌아왔다. 하지만 시간은 너무도 빨리 지나갔다. 오랜만에 만난 가족들과 아쉬움을 뒤로 한 채 어려운 작별을 해야 했다.

카스텐이 없는 1년 동안 캘리포니아에 남아 있던 루이제는 일종의 지점장 역할을 했다. 그녀는 그 지역의 '미라클 메이드' 판매원들에게 주문을 받아 시카고에 있는 본사에 전했다. 그녀는 일주일에 한번씩 사보도 만들어 지역 내에 있는 판매원들에게 보냈고 가끔 집에서 판매회의를 열기도 했다.

루이제는 아버지의 충고대로 아이들이 학교에 가 있는 동안 프레스노대학에서 강의를 들었다. 학교측은 학교를 그만둔 지 너무 오래된 그녀가 과연 학습과정을 제대로 따라갈 수 있을지 걱정했다. 하지만 그녀는 어린 학생들보다 앞서갔고 항상 좋은 점수를 받았다. 그렇지만 안타깝게도 솔하임 가족은 이곳에 오래 머물지 않게 되었다. 그녀의 학위과정은 또다시 중단되고 말았다.

한편 세인트 루이스에서의 사업은 솔하임 가족 모두가 겪는 고통에 비해 그다지 성과가 좋지 않았다. 위싱턴과 캘리포니아에서는 친구나 친척들에게 도움을 청할 수 있었지만, 파티도 많이 열리지 않는 이곳에서는 사정이 달랐던 것이다. 결국 일년 후 카스텐은 프레스노로 돌아오고 말았다.

또하나의 도전

회사의 판매전략은 고객들에게 말로만 설명하지 말고 직접 실물을 보여주라는 것이었다. 하지만 그렇게 하려면 판매원들은 주방용품을 가득 담은 큰 가방을 두 개나 끌고다녀야 했다. 카스텐은 이런 판매전략이 못마땅했다. 그는 가방을 차안에 두고 꼭

들고다니지 않아도 된다면 홀가분한 몸으로 오히려 더 많은 지역을 다닐 수 있으니 그만큼 판매도 더 많이 할 수 있을 거라고 확신했다. 1950년 카스텐은 자신의 뜻대로 사진만 들고 다니면서 판매를 했고 결국 많은 양을 팔 수 있었다.

카스텐은 워싱턴에서 주방용품 판매를 처음 시작했을 때부터 미국 서부 해안지역에서 최고의 판매원이었다. 캘리포니아 절반 지역을 총괄할 때도 마찬가지였다. 비록 미주리 지역에서는 실패했지만, 다시 캘리포니아로 돌아와서는 성공을 거두었다. 이처럼 카스텐의 판매방식은 효과적이었다. 하지만 회사는 판매방침을 끝까지 바꾸지 않았고, 결국 카스텐은 회사를 그만두어야 했다.

그때 카스텐이 회사를 그만둔 것은 결국 또다른 기회를 가져다준 셈이 되었다. 그의 기술과 재능이 발휘될 수 있는 계기가 발생했는데, 그것은 바로 한국전쟁이었다. 그는 다시 들어간 어드밴스 캐스팅 사에서 5년 동안 일한 뒤, 다시 군수업체에 근무하게 되었다.

한국전쟁이라는 또다른 기회

한국전쟁이 확대되자 카스텐은 다시 리안 항공에서 일하게 되었다. 리안 항공에서는 1951년 카스텐을 샌디에고로 발령냈지만 카스텐은 그곳에서 자신의 할일이 별로 없다고 생각했다. 그는 다시 콘베어에 들어갔다. 그곳에서 플로리다의 대서양 연안에 있는 케이프 카나베럴(현 케이프 케네디) 공군기지에 배치될 예정인 아트라스 미사일을 위한 최초의 지상유도시스템 개발사업인 아주사

리안Ryan 항공사에 기계엔지니어로 근무하던 카스텐. 사진 가운데 보이는 그는 파이어볼Fireball 제트기를 맡고 있었다. 1946년 메릴랜드주 패터센트 리버 항공기지에서 찍은 것으로 그의 왼쪽에 있는 동료가 애드 실리이고, 오른쪽에는 알 코노버가 서 있다.

(Azusa) 프로젝트에 참여했다.

이 프로젝트에 참여하면서 가족과 같이 있는 시간이 전에 비해 훨씬 많아졌다. 이제 5세가 된 존은 아버지와 함께 하는 시간이 많아지자 아주 좋아했다. 루이제에게도 반가운 일이긴 했지만, 그때 그들의 결혼생활에 위기가 찾아오고 있었다. 루이제는 원래 말이 많지 않은 카스텐의 성격을 잘 알고 있었지만, 그래도 남편이 한없이 멀게만 느껴지고 낯선 사람처럼 생각되었다.

그럴 즈음 루이제는 카스텐이 다니던 콘베어에 취직하면서 처음으로 직장이란 것을 갖게 되었다. 남편과 같은 회사에 근무하면서 그의 생활을 보다 더 이해하게 되었고, 결혼의 위기도 무사히 넘길 수 있었다.

회사에서 그녀가 맡은 일은 송풍터널에서 항공기를 실험하는 엔지니어를 돕는 업무로, 실험 결과를 그래프로 옮겨 시험항공기 분석을 하는 일이었다. 루이제는 어릴 적 자신에게 수학공부를 열심히 하라고 충고해주던 아버지가 새삼 고맙게 느껴졌다. 나중에 카스텐과 루이제는 모두 콘베어에서 일급비밀을 취급하는 핵심인물이 되었다.

카스텐이 콘베어에서 일한 지 1년이 채 못 되어, 아주사 프로젝트 선임자가 그만두었다. 대신 카스텐이 그 자리를 맡게 되었다. 그러자 그는 프로젝트 진행을 즉시 중단시켰다. 상관이 프로젝트를 중단시킨 이유를 물었을 때 카스텐은 다른 방법을 제시했다.

"지금까지 우리는 전혀 효과가 없는 방법에 무조건 집착하고 있었던 겁니다."

1953년 연봉협상 때, 자신이 하는 일에 비해 급여가 너무 적다고 생각한 카스텐은 회사측에 급여인상을 요청했다. 그러나 회사는 거절했고 카스텐은 다른 회사를 알아보기 시작했다.

42세, 운명의 골프 게임

카스텐은 제너럴 일렉트릭(GE)에서 직원채용을 위한 면접이 있다는 광고를 신문에서 보자 곧바로 GE의 인사담당자를 만나러 갔다. 그는 면접은 이미 일정이 잡혀서 진행되고 있기 때문에 어렵겠다며 완곡하게 거절했다.

카스텐은 잠깐이라도 좋으니 기회를 달라고 통사정했다. 어렵사리

겨우 기회가 주어졌다. 면접관은 채용할 자리에 대한 설명으로 코넬대학과 공동으로 뉴욕의 이타카에 있는 첨단전자연구소에서 일할 사람을 뽑는다고 말했다.

카스텐은 그 자리가 마음에 들었고 면접관도 카스텐에게 좋은 인상을 받았다. 2주 후 카스텐은 첨단 레이더 및 기타 전자유도시스템의 기계설계 엔지니어로 GE에 취직했다. 카스텐과 제너럴 일렉트릭 사이에 14년 간의 관계가 시작되는 순간이었다.

1953년 3월, 카스텐은 새로운 직장에서 일하기 위해 이타카로 이사했고, 루이제는 아이들 학교문제와 집문제를 해결하기 위해 남아 있었다. 직장일이 한가해진 루이제는 다시 샌디에고 주립대학에 다니기 시작했고, 첫학기를 잘 마쳤다. 하지만 두번째 학기에는 직장일이 바빠졌고 아이들과 집안일까지 신경써야 했기 때문에 학교공부에 전념할 수 없었다. 게다가 지하실에 침실을 들이고 욕실을 더 만드는데 든 대출금까지 관리해야 했다.

루이제와 아이들은 8월이 지나서야 카스텐에게 갈 수 있었다. 한편 카스텐은 새로 맡은 일이 너무 즐겁고 재미있었다. 사람 만나는 것을 좋아하고 아주 활동적인 그에게 어느날 동료 한 명이 골프 치러 가자고 제의했다. 한번도 골프를 쳐본 적이 없는 그였지만 흔쾌히 승낙했다. 42세 나이에 골프를 처음 치는 것이었다.

몇년 전 벼룩시장에서 골프클럽 세트를 구입해놓긴 했지만 뉴욕으로 가져오지는 않았다. 다행히 그에게 집을 빌려준 교수가 자신의 골프클럽 세트를 빌려주었고, 카스텐은 게임에 이긴다거나 경쟁할 마음 없이 그저 즐길 생각으로 발걸음을 옮겼다.

하지만 골프를 처음 치는 그에게 즐길 수 있는 여유란 없었다. 원하는 방향으로 공을 보내는 것이 생각만큼 쉽지 않았던 것이다. 여러 번 시도해보았지만 제대로 되지 않았다.

처음부터 잘 치려는 욕심은 아니었지만 그 정도로 최악일 줄은 짐작도 못한 일이었다. 동료들은 벌써 두번째 티에 가 있었지만 카스텐은 아직 첫번째 페어웨이를 벗어나지 못했고, 벌써 10타를 쳤지만 퍼팅조차 못하고 있었다. 치면 칠수록 상황은 더 나빠졌다.

한번은 그린에 도달했는데 퍼팅이 드라이브보다 훨씬 어렵다는 것을 깨달았다. 퍼터 스윙을 잘하고, 아무리 공을 바르게 치고, 공을 아무리 완벽하게 퍼터헤드 중간에 맞춘다고 해도 공은 똑바로 굴러가지 않았다.

카스텐은 퍼팅이 골프의 반을 차지한다는 사실을 깨닫게 되었다. 그때부터 퍼팅을 연습하기 시작했다. 집에서도 연습했고 퇴근 후에는 골프코스에 가서 연습했다. 그는 오로지 어떻게 하면 그 작은 공을 똑바로 쳐서 구멍에 집어넣을까 하는 궁리만 하게 되었다. 연습을 많이 하니까 좋아지긴 했지만 공을 똑바로 보내는 것은 아무리 연습해도 한계가 있었다. 결국 그는 퍼터의 블레이드가 평평하면 공을 똑바로 칠 수 있지 않을까 하고 생각하게 되었다.

카스텐은 자신이 프로골퍼도 아니고 골프경기에 익숙한 사람도 아닌 그저 초보자에 불과하다는 것을 잘 알고 있었지만, 골프클럽을 그 정도밖에 만들지 못한 엔지니어나 설계자, 생산자 모두에게 화가 났다. 골퍼들이 사용하는 퍼터가 오히려 경기에 방해된다고 생각될 정도였다.

많은 다른 골퍼들은 이 간단한 기구를 마스터한 것처럼 보였다. 특히 프로골퍼들은 공을 똑바로 보낼 수 있는 방법을 터득한 것이 분명했고 실제로 아주 불가능한 일도 아니었다. 하지만 좀더 쉽게 공을 똑바로 굴러가게 하는 퍼터가 있다면, 보다 많은 사람들이 골프를 즐길 수 있을 거라고 생각했다. 그때부터 카스텐은 더 나은 골프클럽을 만들기 위한 작업에 들어갔다. 더 좋은 골프클럽을 만든다면 많은 이익이 생길 수도 있는 일이었다. 하지만 공이 일정하게 똑바로 굴러가는 퍼터를 어떻게 만들 수 있을까?

카스텐은 엔지니어답게 우선 테니스 라켓을 떠올려보았다. 테니스 라켓은 테두리가 무겁게 되어 있기 때문에 공을 칠 때 라켓이 뒤틀리지 않고 공을 정확하게 칠 수 있다는 것을 그는 잘 알고 있었다. 만약 테니스 라켓의 테두리가 무겁지 않다면 테니스 공을 탁구채로 치는 것과 다름없이 조절을 못하게 될 거라고 생각했다. 그는 바로 이 점을 골프 퍼터에 적용시켜보기로 마음먹었다.

블레이드의 힐과 토우를 약간 무겁게 하면 어떨까? 당시 일반적인 퍼터 모양은 샤프트에 무거운 금속 덩어리가 붙어 있는 형태에 지나지 않았기 때문에 손의 움직임이 극히 제한될 수밖에 없었다.

분명히 골프클럽을 더 좋게 만들 수 있는 방법은 있었다. 앞이나 뒤쪽에서 보면 발처럼 생긴 클럽헤드에 힐과 토우를 약간 무겁게 해주면 훨씬 안정될 것이라고 생각했다. 카스텐은 시간이 얼마나 걸릴지는 고려하지 않았다. 오로지 가능성만 생각했다.

수백만 달러 가치가 있는 아이디어? 이런 것은 염두에 두지 않았다. 단, 똑바로 퍼팅할 수 있는 클럽을 만들고자 했을 뿐이었다.

12

고통은 덤으로 받은 선물

솔하임 가족간의 돋보이는 사랑

카스텐과 루이제가 서로 얼마나 사랑했는지는 이미 널리 알려진 사실이다. 이혼율 50퍼센트에 이르는 오늘날의 미국 사회를 생각한다면, 그들은 놀라울 정도로 긴 시간인 63여년의 세월을 함께 살아왔다. 루이제의 말과 행동에는 언제나 남편에 대한 사랑이 담겨 있다.

그녀는 남편에 대해 이야기할 때면 언제나 빛나는 눈빛으로 "이제까지 만난 사람 중 가장 근사한 남자"라고 소개했다. 이렇듯 카스텐의 성공 뒤에는 항상 부인 루이제가 따라다녔다.

카스텐은 황혼기에 일종의 치매인 파킨슨 병에 걸려 의사소통조차 제대로 할 수 없게 되었지만, 사랑하는 아내 루이제가 옆에 있을 때는 전혀 다른 사람처럼 보였다.

솔하임 가족이라고 해서 항상 순탄한 생활만 했던 것은 아니다. 가족간의 사랑이 깊었지만 그렇다고 완벽했던 것도 아니었다. 하지만 솔하임 부부의 사랑은 변함이 없었기에 다른 부부 같으면 이미 남이 되어버렸을 힘겨운 상황에서도 견뎌낼 수 있었다.

안팎으로 닥친 시련

1958년은 솔하임 가족에게 가장 힘들었던 한해였다. 1957년 록히드에서 일하고 있던 루이제는, 췌장암으로 투병중인 친정 아버지를 간호하기 위해 직장을 그만두었다. 그녀의 아버지는 끝내 1958년 1월에 돌아가셨지만, 그동안 병치료를 하는데 돈을 다 써버려 막상 산드라의 학비조차 내기 어려운 상황이 되었다. 다행히 익명의 후원자가 산드라의 학비를 대신 지불해주어 간신히 위기를 넘길 수 있었다.

또 2월에는 장남 루이스가 대학을 그만두겠다고 말썽부렸고, 너무 실망한 나머지 솔하임 부부는 루이스의 마음을 돌릴 적당한 말조차 떠올릴 수 없었다. 다행히 루이스는 나중에 학교로 돌아왔고 학위를 마친 후 1960년에는 보니 맥도널드와 결혼했다.

이렇듯 감당하기 어려웠던 일들이 솔하임 가족에게 연속적으로 일어난 때는 핑 퍼터가 탄생하기 바로 직전이었다. 그때 카스텐은 자신의 새로운 프로젝트에만 매달려 사력을 다해 전념하고 있었다. 그러나 딸 산드라에게는 부모의 사랑과 지원이 절실했던 시기였다.

그때 귀엽고 총명하며 재능이 많았던 산드라는 신경쇠약증세로 아무도 모르게 혼자 고통받고 있었던 것이다.

그해 부활절 아침, 루이제는 산드라의 증세를 처음으로 발견했다. 그들 모녀는 평소 매우 친밀하게 지냈다. 하지만 그날 아침, 루이제는 왠지 딸이 아니라 전혀 모르는 낯선 사람을 차에 태우고 가는 것처럼 느껴졌다.

산드라는 전혀 우습지 않은 일에 히죽히죽 웃어댔고, 거리를 지나는 사람들에게 쓸데없이 손을 흔들기도 했다. 어떤 때는 거리에 있는 사람이 자신에게 말을 건넨다며 차안에서 혼자 대꾸하기도 했고, 남들이 알지 못하는 사실을 자신만 안다고 말하기도 했다.

또한 산드라는 하느님이 그녀에게 계시했다며, 어떤 큰 일이 일어나서 자신이 가족의 곁을 떠나게 될 거라고 선언했다. 루이제는 산드라의 말과 행동에 큰 충격을 받았다.

평소 온화한 성격이었던 산드라였기에 딸의 이런 행동을 더욱 이해할 수 없었다. 그날 저녁 루이제가 산드라에게 말을 걸어보았지만, 그녀는 마치 최면에 걸린 사람처럼 허공만 쳐다보면서 아무 대꾸도 하지 않았다. 그녀는 아무 소리도 듣지 못하는 것처럼 보였다.

갑자기 산드라는 피곤을 호소하며 잠을 자러 가야겠다고 했다. 그때 루이제는 지난 9월 산드라가 이웃 아이를 돌봐주었을 때, 딸이 꼭 정신나간 사람처럼 보인다고 했던 아이 엄마의 말이 생각났다. 하지만 딸에게 전혀 그런 느낌을 받을 수 없었던 루이제는 이웃의 말을 무시하고 넘어갔었다.

그로부터 며칠 후 산드라가 다니던 심슨 바이블대학의 학생처장에게 전화가 걸려왔다. 그는 그동안 산드라가 무단결석을 했고 학교생활에도 문제가 많았다고 말했다. 만약 복학을 하려면 건강진단서가 필요하다는 말도 덧붙였다.

다음날 루이제는 딸을 의사에게 보였다. 산드라의 상태를 진단한 의사는 샌프란시스코에 있는 정신과 의사를 소개해주었다.

산드라는 점점 더 이상한 행동을 보였고 루이제의 걱정은 커져만 갔다. 결국 그녀는 정신과 의사를 찾아갔다. 그는 산드라에게 신경쇠약증세가 있으니 가능한 빨리 입원해야 한다고 말했다.

루이제는 몹시 괴로웠다. 순간 그녀는 정신과 치료시기를 놓쳐 충격요법을 받고 무의식 상태에 빠졌던 사촌동생이 생각났다. 자신의 딸에게는 제발 그런 일이 일어나지 않길 바랐다.

그녀는 치료시기를 놓치기 전에 산드라를 하루라도 빨리 병원에 입원시키리라 마음먹었다. 하지만 카스텐이 이 사실을 알게 되면 절대로 입원을 허락하지 않을 것이다.

고민 끝에 루이제는 산드라를 입원시키기로 결정했다고 카스텐에게 통보하듯 말했다. 예상했던 대로 카스텐은 불같이 화를 내며 산드라가 왜 입원을 해야 하는지 도저히 이해하지 못했다.

정신과 의사는 솔하임 부부와 상담을 요청했다. 카스텐은 만나지 않겠다고 고집을 부렸지만, 루이제의 끈질긴 애원과 설득 끝에 결국 상담요청에 응했다. 그는 자신의 딸에게 무슨 문제가 있으며 현재 어떤 치료를 받고 있는지, 또 언제 회복될 수 있는지 등을 의사에게 물었다. 의사는 산드라가 무엇 때문에 그렇게 되었는지 이유는 아직 모르겠지만 최선을 다해 치료할 것이고, 가능한 빨리 회복될 수 있도록 노력할 것이라고 말했다.

카스텐은 너무도 총명한 딸이 어쩌다가 이 지경이 됐는지 이해할 수 없었다. 도대체 왜, 무엇 때문에 이토록 젊고 건강한 산드라가 입원까지 하게 되었을까? 산드라에게 어떤 문제가 있었을까? 이 모든 것은 부부가 감당하기에 너무도 벅찬 문제였다.

3주 후 산드라는 병원에서 퇴원했지만 루이제가 보기에 전혀 나아진 것 같지 않았다. 루이제는 다시 3주 만에 산드라를 재입원시켜 4달 동안 더 치료받게 했다.

그때 솔하임 부부는 산드라의 회복이 빠르게 진행되려면 가족요법이 필요하다는 말을 의사로부터 전해들었다.

「골프위크 *GolfWeek*」가 「골프산업을 이끈 아버지」로 카스텐을 선정하고, 미국골프재단이 '올해의 골프가족'으로 카스텐 가족을 선정하면서, 1994년은 솔하임 가족에게 잊지 못할 해가 되었다. 사진 왼쪽부터 장남 루이스, 삼남 존, 아내 루이제, 카스텐, 딸 산드라, 차남 앨런.

딸의 병을 치료할 수만 있다면

카스텐은 처음 가족상담이 필요하다는 의사의 조언을 전혀 귀담아 듣지 않았다. 상당히 보수적이었던 그는 산드라 문제는 정신과 의사나 상담가의 도움 없이 가족의 사랑만으로 충분히 회복될 수 있다고 생각했다. 반면 루이제는 가족상담요법에 상당히 호의적이었다.

우여곡절 끝에 결국 카스텐도 가족상담요법에 참여하게 되었다. 솔하임 부부에게는 매우 힘든 과정이었지만, 이 기회를 통해 서로의 사랑을 확인하고 이해를 더욱 키워나갈 수 있었다.

루이제는 이 과정을 통해 전에 느끼지 못했던 카스텐의 단점도 많이 알게 되었지만, 한편으로는 남편의 성장과정을 더 자세히 알게 되어 그의 내면을 더 이해할 수 있게 되었다.

그는 늘 주변 사람을 공정하고 성실하게 대할 줄 알며 하느님과 가족을 사랑하는 겸손하고 좋은 사람이었다. 하지만 가족과의 문제에서는 완벽하지 못했다.

그는 항상 일 아니면 골프나 볼링을 쳤다. 그렇지 않으면 집에서 골프클럽을 만드느라 가족과 함께 보내는 시간이 거의 없었다. 특히 터놓고 이야기하는 성격이 아니었기 때문에 루이제는 종종 남편이 자신을 존중하지 않는다고 오해하기도 했다.

카스텐은 칭찬에도 매우 인색한 사람이었다. 예를 들어 남편을 위해 요리하는 루이제의 정성에 그는 칭찬 한마디 하는 법이 없었다. 그녀가 자신이 요리한 음식맛이 어떠냐고 물으면, 기껏 "좋아. 만약 맛이 없으면 없다고 말할게." 하는 정도였다.

아이들에게도 예외는 아니었다. 그는 아버지로서 아이들을 사랑했지만, 자식들이 학교나 교회에서 상받을 일을 해도 절대로 자식을 칭찬하지 않았다. 가끔 루이제에게만 아이들이 대견하다고 자랑스러워할 뿐이었다.

하루는 루이제가 왜 아이들을 직접 칭찬하지 않느냐고 남편에게 묻자, 그는 "아이들이 항상 더 잘할 수 있다는 생각을 갖게 하기 위해서"라고 대답했다.

카스텐이 아이들을 북돋아주는 방식은 바로 이런 식이었다. 그의 인생철학은 과거에 어떤 일을 잘 해냈으면 다음번에는 더욱 잘 할 수 있다고 확신하는 것이었다. 예를 들어 볼링에서 200점을 치면 다음에는 더 높은 점수를 올릴 수 있다고 그는 믿었다.

퍼터를 만들 때도 마찬가지였다. 아무리 좋은 퍼터를 디자인했다고 해도 다음에는 좀더 우수한 제품을 디자인하려고 애썼다.

루이제는 독특한 사고방식의 남편과 행복한 결혼생활을 유지하려면 자신의 특별한 노력이 필요하다는 것을 알았다. 그녀는 카스텐이 자신과 아이들에게 무심한 것 같아 서운하기도 했지만 그래도 남편은 아주 우수한 사람이라 생각했고 그런 카스텐을 존중했다.

시련 후 찾아온 안정

가족상담요법을 통해 카스텐은 많은 부분을 새삼 깨달았다. 그는 가족간의 문제를 해결하기 위해서 시간을 할애하는 등 관심을 기울였고, 루이제를 대하는 태도도 하루가 다르게 달라져

갔다. 부인에게 훨씬 더 다정하게 대했고 그녀의 의견도 경청했다. 잘못된 것은 절대 인정하지 않았지만 그렇다고 자신의 의견만 주장하지는 않았다. 카스텐은 마치 결혼생활 이후 처음으로 그녀의 가치를 발견한 사람인 듯 행동했다.

혹독한 시련을 겪고 난 4명의 아이들도 한층 성숙해졌다. 큰아들 루이스는 다니는 직장 IBM에서 인정받는 컴퓨터 전문가가 되었다. 딸 산드라는 자신의 신경쇠약에 대하여 솔직하게 말할 수 있을 정도로 회복되어 충실한 신앙인으로 열심히 살았다.

한편 루이제는 남편이 앨런과 존에게 일을 시키는 강도가 너무 심하다 생각했지만, 그들은 아버지가 자신들에게 기술을 가르쳐주기 위해 일부러 고된 훈련을 시킨다고 넓게 받아들였다.

처음부터 핑에 관여했고 현재 회사를 운영하고 있는 셋째아들 존은 비록 아버지가 자신을 호되게 훈련시켰지만, 그 과정을 통해 골프용품사업에서 성공할 수 있는 기술과 인내와 자신감을 배울 수 있었다고 믿고 있다.

제4부

드라마틱한 삶이 머물고 간 자리

13

우리는 그를 '카스텐'이라 부른다

남을 위해 사는 듯한 사람

카스텐은 골프클럽 디자인에 여러 가지 혁신적인 업적을 남겼다. 힐 토우를 무겁게 하여 균형을 맞춘 퍼터, 테두리를 무겁게 하고 정밀주조법으로 제조한 아이언, 스윙을 계량화하여 클럽 테스트를 더욱 쉽게 만든 천재적인 발명품 핑맨과 핑 칼라 코드 차트(Ping Color Code Chart) 등 이 모든 것들은 모두 그의 아이디어로 제작된 상품들이다.

하지만 카스텐의 진짜 모습은 이것이 전부가 아니었다. 그가 아주 강직한 사람이란 사실은 이미 잘 알려져 있다. 그는 주변 사람들을 항상 친절하게 대했는데, 어떤 이들은 이런 점이 너무 지나쳐 오히려 단점이 된다고 말할 정도였다. 또 그는 직원들을 항상 사랑과 존경으로 대했고 사업파트너는 성실하고 공정하게 대했다. 그는 마치 다른 사람들을 위하여 인생을 사는 것처럼 보였다.

카스텐이 골프클럽을 디자인하려 했던 애초의 목적도 사람들이 골프를 더 쉽게 즐길 수 있도록 하기 위해서였다. 골프장비가 좋아지면 그만큼 더 많은 사람들이 골프를 흥미롭게 즐길 수 있으리라고 믿었던 것이다.

그는 무엇보다도 하느님과 성서를 사랑했다. 인생에 있어 중요한 원칙을 성경에서 찾았고 그대로 실천하려 노력했다. 비록 완벽하지는 못했지만 자신의 신념을 행동으로 보여주었으며 항상 옳은 일을 행하고자 마음을 닦았다.

'당신들 회사에는 사장이 없다'

카스텐은 직원들에게 늘 공정하려 애썼고 그들을 가족이나 마찬가지라 생각했다. 또한 직원들 개개인이 즐겁게 일하면서 스스로 발전할 수 있는 기회를 만들어주려고 노력했다. 설령 그들이 실수를 하더라도 너그럽게 용서하고 자신감을 잃지 않도록 오히려 칭찬해주었다.

카스텐은 직원의 가족까지 챙겨주는 자상한 경영자였다. 그는 회사에 가장 큰 기여를 하는 그룹이 직원이라고 믿었으므로 그들을 더욱 아끼고 위했다. 또 회사가 발전할수록 직원들이 그만큼 더 많은 보수를 받게 되고 결국 그들의 가족이 혜택받을 수 있다는 생각에 더욱 만족스러운 마음으로 일했다.

카스텐 매뉴팩튜어링이 창립된 해부터 일했으며 오랫동안 많은 직

카스텐은 직원에게 알리지 않은 채 자신의 공장을 돌아보곤 했다. 이 사진에는 피닉스의 사업가 밥 사이먼(왼쪽)과 PING의 부사장인 댄 퀘일(후에 미국 부통령이 되었음)이 함께 있다.

원이 채용되는 과정을 보아온 밥 드리처는 이렇게 말한다.

"카스텐이 중요하게 생각한 것 가운데 하나는 사람들에게 일자리를 마련해주는 것이었지요."

카스텐의 동생 레이는 회사 초창기부터 함께 일해왔는데, 이 회사에 합류하기 전에는 가족과 소식이 끊어진 상태였었다. 그러던 어느 날 카스텐의 새어머니로부터 전화가 걸려왔다.

"레이가 지금 워싱턴 DC 근처에 살고 있단다. 그런데 요즈음 병이 난 것 같더구나. 도움이 필요할 것 같은데 형인 네가 좀 도와주는 게 어떻겠니?"

"돈 대신 비행기표를 보내줄께요. 이곳에 오면 일할 곳도 마련해주고요."

결국 레이는 1967년부터 핑 골프클럽에서 일하기 시작했다.

사업이 잘 될수록 카스텐은 더 많은 사람들에게 안정된 일자리를 제공할 수 있다는 사실이 기뻤다. 하지만 아쉬운 점도 있었는데, 그것은 회사가 커지고 직원수가 늘어남에 따라 가족적인 분위기도 점차 사라진다는 것이었다. 그는 회사 내에서 언제나 가족적인 분위기를 유지하려고 노력했다.

카스텐 매뉴팩튜어링 초기에는 솔하임 가족 외에 15명의 직원이 있었다. 그때 카스텐은 직원 개개인의 이름은 물론이고 그들이 어떤 환경에서 살고 있는지 간략하게라도 알고 있었다. 하지만 직원이 2천 명을 넘어서자 그것은 거의 불가능한 일이 되어버렸다.

카스텐은 직원들에게 하느님을 제일 먼저 생각하고, 다음으로 가족을 생각하라고 기회 있을 때마다 강조했다. 직장은 그 다음이라고 주장했다.

그는 직원들이 즐겁고 신나는 마음으로 일하길 바랐다. 그래서 새 직원이 들어오면 여러 가지 일을 맡겨본 다음, 그들 스스로 자신에게 가장 알맞는 일을 선택할 수 있도록 했다. 인생에는 일보다 먼저 생각해야 할 가치가 많이 있다고 늘 강조해왔다.

카스텐은 '인적 자원'이라는 말을 한번도 쓰지 않았다. 직원들이 '사장님'이라고 부르는 것보다 그냥 '카스텐'이라고 불러주는 것을 더 좋아했다. 직원이라는 말조차 싫어했고 직원에게도 항상 '당신들 회사에는 사장이 없다'고 말하곤 했다.

또한 그는 직원들이 회사업무와 관련된 문제뿐 아니라 개인적인 문제까지 서슴없이 상의해주길 바랐다. 그는 언제나 열린 마음으로 어떤 제안이든 받아들일 준비가 되어 있었던 것이다.

모든 사람이 평등하다고 믿었던 카스텐은 절대 직위나 계급으로 사람을 차별하지 않았다. 카스텐 매뉴팩튜어링의 승진제도와 보너스 제도를 보면 이러한 점을 파악할 수 있다. 어떤 자리에 사람이 필요하면 새로 채용하는 것이 아니라 기존의 직원 가운데 능력있는 사람을 승진시켜 그 자리에 앉혔다.

보너스를 주는 방식도 남달랐다. 그는 고위직에 있는 중역이나 야간 잡역부로 일하는 직원이나 모두 회사에 똑같이 기여한다고 생각해 모든 직원에게 같은 금액의 보너스를 지급했다.

1970년대 초 회사가 연간 25퍼센트로 빠르게 성장하자 카스텐은 회사의 이익을 직원들에게 나누어주고자 결심하고, 담당직원에게 특별 보너스를 지급할테니 기획서를 작성하라고 지시했다. 그 직원은 별생각 없이 직위가 높은 사람은 보너스를 더 많이 받는 식으로 계획을 세웠다. 그는 그 기획서를 보자마자 이렇게 말했다.

"내가 원했던 건 이게 아닐세. 회사에서 2년 넘게 일한 직원은 모두 같은 액수의 보너스를 지급하도록 하게."

특별 보너스 외에 직원들을 위한 연금 및 퇴직금 제도도 만들어 공정하게 운용했다.

카스텐 매뉴팩튜어링의 소유주는 카스텐이었다. 그는 미국 역사상 직원들과 가장 많은 대화를 나눈 경영자 가운데 한 사람일 것이다. 그는 항상 일찍 출근했고 공장 이곳저곳을 돌아다니며 직원들의 의견을 듣고 때로는 작업지시도 하면서 공장이 어떻게 돌아가는지 부지런히 살폈다.

하루는 공장을 둘러보던 카스텐이 일본으로 수출할 제품이 선적되어 있는 곳에서 손잡이가 똑바로 놓여 있지 않은 것을 발견했다. 제품상자도 뚜껑이 열린 채 놓여 있었다. 그는 담당직원에게 직접 걸어가 손잡이 놓는 방법을 자상하게 일러주었다.

우리는 그룰 '카스텐' 이라 부른다

카스텐은 출장이나 여행을 제외하고는 거의 하루도 쉬지 않고 공장을 둘러보면서 직원들과 제품에 관한 의견을 나누었다. 직원들은 이런 카스텐을 전혀 불편해 하지 않았다. 그들은 카스텐이 무엇을 원하는지 잘 알고 있었고, 또 그가 원하는 것은 언제나 옳은 일이라고 생각했다. 그는 항상 옳고 정당한 일만을 요구했던 것이다.

어느 면으로 카스텐은 고집이 센 사람이기도 했다. 예를 들면 회사 내에서 욕이나 험담을 절대로 허용하지 않았고 나중에는 금연정책도 세웠다. 그렇지만 이런 사항들을 독단적으로 결정했던 것은 아니었다. 그는 직원들의 의견에 성실히 귀를 기울였다.

평소 말이 많지 않은 그는 자신이 원하는 것을 말로 표현하기보다 몸소 실천해 보여주었다. 예를 들어 어떤 직원이 서툴게 일하고 있을 때, 그는 직원에게 어떻게 하라고 직접 말하지 않았고, 관리자에게 지시하지 않았다. 대신 그 직원에게 다가가 간단하게 인사를 건네고는 그 일을 어떻게 하는지 직접 행동으로 보여주었다. 그런 다음 한

발 물러서서 자신이 일러준 대로 잘 처리하는지 살펴보고 기운을 북돋아주었다.

"그래, 바로 그렇게 하는 거야. 앞으로는 더 잘하게 될 거야!"

카스텐이 직원을 대하는 자세는 늘 이런 식이었다.

그는 무엇보다도 고객서비스에 철저했는데 직원이 제때 전화받지 않는 것을 가장 싫어했다. 한번은 통화중이던 한 직원이 전화를 받을 수 없어 쩔쩔매고 있을 때 카스텐이 나타나 대신 전화를 받아준 적도 있었다.

또한 그는 고객서비스센터에서 직접 고객상담을 하기도 했다. 고객은 그가 카스텐일 거라고 생각지도 못했다. 심한 불만이 있는 고객도 카스텐과 얘기하고 나면 금세 편안한 얼굴이 되었다. 예를 들어 영업사원은 주문한 물건이 나오려면 좀더 기다려야 한다고 간단하게 말했지만, 카스텐은 현재 주문이 많이 밀려서 늦어지고 있지만 언제까지는 받을 수 있을 거라고 차근차근 설명해주었다.

그는 직원이 실수해도 절대 그 직원의 인격을 무시하지 않았다. 그는 직원을 존중하면서 문제를 해결하려고 했다. 초창기 때 한번은 어떤 직원이 바이스를 건물바닥에 떨어뜨려 바닥 타일에 큰 구멍을 낸 적이 있었다. 그는 혼내기는커녕 화도 내지 않고 웃으면서 농담을 건넸다.

"무슨 일이야?"

"바이스를 놓쳐 바닥에 떨어뜨렸습니다."

"그럼 바이스가 위로 떨어질 거라고 생각했나?"

그리고는 떨어지는 소리 때문에 좀 놀라긴 했지만 괜찮으니까 다음부터는 좀더 조심하라고 타일렀다.

그런 카스텐에게 직원을 해고한다는 것은 있을 수 없는 일이었다. 달리 일자리도 없는 사람을 내모는 것은 비인간적인 처사이고 무엇보다 이런 행위는 가족을 내쫓는 것과 다름없다고 생각했다. 차라리 다른 부서로 발령내는 한이 있더라도 직장에서의 문제는 자체적으로 해결해야 한다는 게 그의 원칙이었다.

그러나 열심히 일하지 않거나 도덕적으로 문제가 많은 사람, 또 자주 결근하거나 업무를 게을리하는 사람들은 가차없이 해고시켰다. 하지만 잘못을 만회할 충분한 시간과 기회를 준 다음이었다. 그는 모든 사람의 마음속에는 착한 심성이 있어서 잘못을 저지른 직원이라 할지라도 개선의 여지가 있다고 믿었다.

1970년 어느날 한 여직원이 문제를 일으켰다. 정신분열증을 앓고 있던 그녀는 자신의 직속상사를 두번이나 공격했고, 존의 약혼녀를 골프채로 때리려고도 했다. 카스텐은 측은한 마음이 들어 그녀를 계속 일하게 했지만, 그의 배려에도 불구하고 그녀는 결국 회사를 그만두어야 했다.

이런 카스텐도 회사 물건을 빼돌리는 행위만큼은 절대 용서하지 않았는데, 훗날 밥 드리처는 카스텐이 직원을 가족처럼 잘 대해주었기 때문에 도난사고는 거의 없었다고 회고했다.

카스텐이 직원을 대하는 남달랐던 방식은 눈에 띄는 결과를 가져왔다. 그들은 카스텐을 아버지처럼, 형님처럼 존경하면서 따랐고 회사를 위해 오랫동안 성실하게 일했다.

그렇다고 카스텐과 함께 일하는 것이 쉽기만 한 것은 아니었다. 오랫동안 회사의 홍보업무를 맡아온 밥 캡틴은, 카스텐이 매우 강한 사람이었지만 오히려 그점이 단점이 된 때도 있었다고 말했다. 카스텐은 무엇이든지 항상 더 좋게 만들고 싶어하는 완벽주의자였다. 심지어는 광고가 마음에 들지 않으면 이미 잡지에 실려 배포된 상황에서도 뒤바꿀 정도였다.

그의 이러한 성격 때문에 회사는 언제나 변화의 분위기가 넘쳐났다. 그는 매사에 더 나은 것을 추구하는 완벽주의자였던 것이다. 캡틴은 또 카스텐을 '이제까지 만난 사람 중 가장 소박한 사람'이라고도 평했는데, 이에 다른 직원들도 모두 동의했다.

1986년 어느날, 카스텐 매뉴팩튜어링 초기부터 계속 근무해왔던 밥 드리처가 한 통의 편지를 보내왔다. 그 편지는 카스텐이 직원들을 어떻게 대했는지 잘 나타나 있다.

우리는 그날까지 해외로 수출할 퍼터를 선적해야 했기 때문에 늦게까지 회사에 남아 있었습니다. 그런데 퍼터가 주물공장에서 늦게 도착하는 바람에 우리 모두는 바쁘게 움직여야 했습니다.

그때 같이 일했던 사람은 릭 헬퍼, 빌 밀러, 프랭크 카크라다, 길베르토 페랄타, 존 키니, 잭 오튼, 넬 투커, 다이안, 캐런이었습니다.

물론 존과 솔하임 부부도 함께 있었지요.

연삭작업이 다된 퍼터를 텀블러에 넣고는 두 시간 정도 기다려야 했는데, 그동안 솔하임 부부는 우리 모두를 근처 식당으로 데려가 저녁을 사주었습니다. 우리는 식사를 마치고 돌아와서 밤 늦게까지 작업을 계속했지요. 10시 정도가 되자 모든 작업이 마무리되었고 저와 존, 릭은 퍼터를 공항으로 운반했습니다.

평소에도 솔하임 부부는 우리와 한팀이 되어 일했습니다. 카스텐과 루이제는 우리를 가족처럼 대해주었고, 크게 성공한 후에도 그들의 사랑은 변함이 없었습니다.

— 밥 드리처

오 하느님, 정리해고!

카스텐 매뉴팩튜어링은 창립 초기부터 매우 빠르게 성장했다. 그러므로 언제나 더 많은 직원이 필요했고 당연히 정리해고란 말은 존재할 수 없었다. 그러나 주문이 줄어들어 회사가 어려움에 빠진 때에도 카스텐은 정리해고를 염두에 두지 않았다.

그는 당장 할일이 없는 직원들에게 주차장 페인트칠이나 잡초 뽑기 같은 다른 일을 시킴으로써 그들에게 일을 만들어주려고 끊임없이 연구했다.

하지만 이런 노력에도 불구하고 1990년대 들어서면서 정리해고는 불가피한 현실로 나타나고 말았다. 핑 아이2 아이언이 판매되기 시작할 무렵 직원수를 늘렸고, 골프공 등 인근 분야로까지 사업을 확장하면서부터 직원이 2천 명 이상으로 늘어났다.

그러나 경쟁업체에서 우수한 제품이 출시되면서 카스텐 매뉴팩튜어링의 매출도 영향받기 시작했다. 결국 핑 골프클럽은 우드, 아이언, 퍼터, 골프가방만을 생산하는 체제로 특화시켰고, 그러자니 자연히 정리해고를 감행할 수밖에 없었다. 현재는 약 500명의 직원이 일하고 있다.

정리해고에 들어갈 때 가족들은 카스텐이 직접 관여하지 않도록 배려했는데, 마음 약한 그가 상심할 것이 너무도 뻔하기 때문이었다.

한솥밥을 먹던 직원들을 내보낸다는 사실은 가슴아픈 일이 아닐 수 없었다. 그들은 정리해고된 직원들에게 적절한 보상과 직업알선 및 상담 등을 제공함으로써 미안한 마음을 대신했다.

1990년대로 들어서면서 카스텐의 인생에 있어 가장 큰 도전이 찾아왔다.

20년간 계속된 최고의 자리

핑 제품은 1980년대 말까지 최고의 골프클럽이었다. 공장에 가보면 아주 특별한 장식장에 특별한 핑 퍼터가 전시되어 있는 것을 볼 수 있다. 카스텐은 전세계적으로 프로 투어 토너먼트에서 핑 퍼터를 사용해 우승한 선수가 있을 때마다, 퍼터 두 개를 골라 금도금을 입히고는 우승한 선수의 이름과 대회 이름, 우승 날짜 등을 새겨 넣었다. 두개 중 하나는 우승한 선수에게 선물로 주었고 나머지 하나는 그 특별한 장식장에 보관했다. 현재 이런 식으로 보관되고 있는 퍼터가 무려 1,800개가 넘는다.

핑 제품은 최고의 인기를 누렸지만 경쟁업체들의 추격도 만만치 않았다. 어떤 경쟁업체이든 카스텐이 직접 고안했던 디자인을 사용한 제품을 생산해내기 시작한 것이다. 이제 누가 더 정교한 제품을 만드느냐에 회사의 사활이 걸리게 되었다. 카스텐은 계속 새로운 디자인, 더 나은 골프클럽을 만들기 위해 연구에 연구를 거듭했다.

장남 루이스는 회사에서 컴퓨터와 엔지니어링 부분을 맡고 있고, 차남 앨런은 인사업무와 하청업체 관리를 담당하고 있다. 삼남 존은 마케팅과 연구개발업무의 책임을 맡았다. 딸 산드라와 카스텐의 친동생 레이도 함께 일했다. 솔하임 가족은 2천 명이 넘는 직원들 사이에서 가족적인 분위기를 이끌어내느라 늘 조심하고 애썼다.

카스텐은 비록 젊은 시절에는 좋은 부모가 될 수 없었지만 나이들어 가면서 자식들에게 더욱 성숙하고 현명한 사랑을 배풀었다.

하지만 해가 뜨면 지는 날도 있는 법. 골프클럽업계 최고의 위치에 있던 카스텐 매뉴팩튜어링도 점차 그 자리를 위협받기 시작했다. 또한 카스텐이 오랫동안 운영해온 회사의 새로운 경영자는 누가 될 것인가 하는 문제도 대두되었다.

1990년 중반까지 카스텐 매뉴팩튜어링은 골프클럽 분야에서 최고의 당당한 위치에 속했고 『포브스』는 카스텐을 '미국 400대 부자' 가운데 한 사람으로 꼽았지만, 이제는 사업환경이 완전히 달라진 시대가 온 것이다.

핑은 20년 이상 판매순위 1위의 자리를 지켜왔다. 하지만 지금은 2위로 밀려났고 판매도 점차 감소하여 또다시 100명의 직원을 정리해고해야 했다.

핑 광고는 너무 구식이고 평범하다는 지적도 받았다. 지금까지의 광고는 핑 제품의 우수성을 알리는 데만 열중하는 매우 단순한 스타일이었다. 그런데 어느 때부터인가 경쟁업체의 세련된 광고에 밀리기 시작한 것이다. 경쟁업체는 광고를 통해 하나같이 자신들의 제품이 더 우수하고 핑 클럽은 이미 시대에 뒤떨어진 구형이라고 비방하기도 했다.

자신들의 제품이 더 우수하다고 홍보하는 것은 과대광고였지만, 핑이 시대에 뒤떨어진 구형이라는 지적은 사실 어느 정도 맞는 말이기도 했다.

카스텐은 자신의 이런 점을 인정하고 싶지 않았겠지만, 다른 사람들은 모두 인정할 수밖에 없었다.

14

특별한 사람, 카스텐이 남긴 유산

후세에 남긴 진정한 유산

사는 동안 보람 있는 일을 많이 하고 자신의 분야에서 남다른 무언가를 이룩하기 위해 절치부심했던 카스텐은, 후손에게 보다 의미있는 무엇을 남겨주고 싶은 소망을 늘 간직하며 살았다. 그것은 실제로 이루어졌다. 카스텐이 골프장비 분야의 발전에 엄청난 공헌을 했다는 것은 누구나 알고 있는 사실이다. 그가 고안한 디자인이나 제작기술은 골프클럽 역사에 일대 변혁을 가져왔다.

21세기에 접어든 지금까지도 골프클럽을 제작하는데 카스텐의 디자인 기술이 적용되고 있다. 그의 디자인에 대한 특허 유효기간이 만료되자 많은 사람들이 그의 디자인을 베껴 사용한 것이다. 실제로 요즘 투어에서 사용되는 퍼터의 대부분은 카스텐의 디자인을 그대로 복사해서 만든 것들이다.

카스텐이 우리에게 남겨준 것은 골프클럽만이 전부가 아니다. 그것은 카스텐이 만들었던 여러 것 중 일부에 지나지 않는다.

카스텐은 강직하고 자상하며 청렴한 사람이었다. 신앙이 깊었던 그는 항상 하느님을 먼저 생각했다. 그리고 아내와 자식들에게 괜찮은 남편과 아버지로 존재하고자 끊임없이 노력했고, 회사 직원들과 주변 사람들에게는 넉넉한 아량과 사랑을 베풀었다. 그는 자신을 아는 모든 사람들을 꺼안고자 노력했다.

바로 이런 넉넉한 마음이야말로 카스텐이 우리에게 남긴 진정한 유산이다.

자신의 특허를 좀더 보호했어야

1990년까지 카스텐은 전세계에서 골프클럽 생산분야의 대표주자였다. 다른 골프클럽업체는 모두 그를 닮고자 애썼고 경쟁업체도 그를 존경했다.

하지만 시간이 지날수록 사정은 달라졌다. 카스텐 매뉴팩튜어링에서는 그 어느 때보다도 좋은 클럽을 생산하고 있었지만, 핑은 더이상 선두자리에 서지 못하고 경쟁업체에게 그 자리를 내주어야 했다.

카스텐은 힐 토우를 무겁게 만든 퍼터나 테두리를 무겁게 하여 정밀주조법으로 제작한 아이언 등과 같은 아이디어를 내놓았다. 하지만 이런 아이디어에 대한 특허기간이 끝나자 너나 할 것 없이 카스텐의 디자인을 모방했던 것이다.

이에 많은 사람들은 카스텐이 좀더 확실하게 자신의 특허를 보호

했어야 한다고 아쉬워한다. 오늘날 그의 아이디어는 골프업계에서 하나의 정석이 되어버렸다. 아모르, 윌슨, 코브라, 칼라웨이, 타이틀리스트, 스팰딩, 호건, 테일러 메이드와 같은 유명 골프업체도 모두 카스텐의 디자인을 사용하고 있다.

카스텐은 단지 골프클럽 디자인만 혁신적으로 개선한 것이 아니었다. 골프경기의 대중화를 위한 활동도 열심히 했는데, 특히 그는 여자골프의 발전에 큰 애정을 쏟았다.

도움이 필요한 곳에 도움을 줄 뿐

카스텐과 루이제는 매년 국내외로 여행하면서 방문하는 곳마다 골프, 핑 클럽, 하느님을 알리기 위한 친선대사 역할을 자임했다. 그들은 특히 여자골프를 지원하고 홍보하는데 많은 공을 들였다. 누군가 카스텐에게 왜 여자골프 발전에 그렇게 많은 공을 들이는지 물어보았을 때, 카스텐은 그저 도움이 필요한 곳에 도움을 주고 싶을 뿐이라고 말했다.

여자골프가 그 가치에 비해 사람들에게 적절한 사랑을 받지 못한다고 생각한 카스텐은 세계적으로 재능있는 여자골퍼들을 후원해주고 싶었던 것이다.

당시 LPGA(미국 여자프로골프협회) 회장이면서 여자골프 토너먼트를 가능하게 만들었던 빌 블루는 솔하임 부부에게 라이더컵 대회와 같은 여자골프경기를 후원해줄 것을 제안했다. 이에 그들 부부는 2년에 한번씩 열리는 미국팀과 유럽팀 여자골퍼들의 토너먼트 대회를 후원하기로 약속했다.

LPGA 투어와, 지금은 여자유럽투어(LET)로 바뀐 여자 프로골퍼 유럽투어(WPGET)에서의 성적을 바탕으로 미국팀과 유럽팀을 선발하기로 했다. 1990년 첫대회에서는 미국팀과 유럽팀에서 각각 8명의 선수가 출전했고, 다음 대회에서는 10명씩, 그 다음부터는 라이더컵 대회처럼 12명씩 출전했다.

카스텐은 향후 20년 동안 10회에 걸쳐 그 대회를 후원하기로 했다. 대회 조직위는 감사의 표시로 그 대회를 '솔하임컵'(솔하임컵은 아일랜드에서 워터포드 크리스탈로 만들었다) 이라고 이름붙였다.

솔하임컵 대회는 텔레비전과 잡지에 광고되기 시작했는데, 그것에는 전에 핑 퍼터 광고에 실렸던 카스텐의 사진이 그대로 사용되었다. 오래지 않아 골프업계는 물론 일반 대중에게도 솔하임컵은 잘 알려지게 되었다.

솔하임컵의 성공적인 출발

솔하임컵 대회를 시작할 당시의 재미있는 에피소드가 무척 많다. 솔하임컵 첫대회는 1990년 플로리다의 올랜도에 있는 레이크 노나 골프클럽에서 열렸다. 대부분의 전문가와 심지어 유럽인조차도 첫대회는 물론 앞으로 남은 대회에서 유럽팀이 미국팀을 이길 수 있을지 확신하지 못했다.

영국의 프로골프스타 로라 데이비스는 당연히 유럽팀이 승리할 거라고 큰소리쳤지만, 다른 사람들은 그녀가 허세를 부리는 것쯤으로 치부했다. 그런데 데이비스는 앨리슨 니콜라스와 한팀으로 출전한 첫날 경기에서, 낸시 로페즈와 패트 브래들리가 한팀을 이룬 미국팀에게 승리를 거두었다. 미국팀은 깜짝 놀랐다. 하지만 그 기세는 오래가지 못하고, 이튿날 경기에서 베스티 킹과 베스 다니엘이 한팀을 이룬 미국팀에게 결국 패하고 말았다. 경기가 끝난 후 니콜라스는 이렇게 불평했다.

"마치 두 명의 신과 경기하는 것 같았어요."

패트 브래들리는 유럽팀이 상당히 강하긴 하지만 오래 가지는 못할 거라고 예상했는데, 결국 그녀의 예견대로 게임이 끝난 것이다.

솔하임컵 대회는 2년마다 미국과 유럽에서 번갈아 개최하기로 했기 때문에, 1992년 대회는 스코틀랜드의 에딘버러에 있는 달마호이 호텔 컨트리클럽에서 열렸다.

스웨덴 출신의 캐트린 닐스마르크가 16번 그린에서 2피트짜리 퍼팅을 성공하여 맥 맬런이 출전한 미국팀에게 이기면서 유럽팀을 승리로 이끌었다. 결국 미국팀과 유럽팀은 역대 전적 1:1의 승률을 기록하게 되었다.

유럽팀의 주장이었던 미키 워커는 이렇게 말했다.

"미국팀은 이곳 유럽에 와서 우리팀을 쉽게 이길 거라고 생각했겠지만, 지금쯤 그들은 경기 결과에 큰 충격을 받았을 겁니다."

이러한 경쟁 분위기로 솔하임컵 대회는 출발한 지 얼마 되지 않았지만 세계적으로 가장 재미있고 인기있는 프로골프 토너먼트 대회가 되었다. 현재까지도 솔하임컵 대회는 세계적인 여자골퍼들이 각자의 나라를 대표해 경기를 치르는 방식으로 운영되고 있다. 카스텐

1994년 그린브리어 리조트에서 열린 LPGA 솔하임컵 시상식에서 카스텐과 아내 루이제가 본 대회를 우승한 미국팀 주장 조앤 카너에게 우승컵을 수여하고 있다.

이 여자골프를 후원하면서 원했던 것이 바로 이런 발전이었다.

오른손이 한 일을 왼손도 모르게

카스텐이 골프대회에 많은 돈을 투자하는 것은 어떻게 보면 과도한 선심일 수도 있었지만, 카스텐 매뉴팩튜어링은 그로 인해 광고 효과를 얻을 수 있었고 마케팅에도 큰 도움이 되었다. 솔하임컵 대회를 통해 회사와 핑 제품을 전세계 고객들에게 홍보할 수 있었고 이는 곧 판매증가로 이어졌던 것이다.

카스텐과 루이제는 여자골프 외에 다른 곳에도 후원을 했는데, 사업과는 전혀 상관없이 오로지 인도주의적이고 신앙적인 신념으로 남들이 눈치채지 못하게 조용히 행하였다.

솔하임 부부는 시카고의 무디 바이블 협회에서 최신 체육시설을 짓는데 필요한 자금을 기부하기로 했다. 그동안 협회에서는 체육교육시설이 충분하지 못해 어려움을 겪고 있었다.

스포츠를 좋아하는 카스텐은 그 협회가 시카고에서 가장 훌륭한 체육시설을 짓겠다는 계획에 흔쾌히 동의했다. 또한 협회에서 제시한 농구코트, 실내체육관, 연습실, 웨이트트레이닝센터, 라켓볼코트, 올림픽경기장 규모의 수영장 건설을 위한 세부계획을 살펴보고 필요한 비용을 후원하겠다고 약속했다.

무디 바이블 협회는 감사의 뜻으로 체육시설의 이름을 '솔하임센터'라고 지었다. 결국 카스텐의 도움으로 세계에서 가장 훌륭한 체육시설이 탄생하게 된 것이다.

NBA 팀도 여러번 솔하임센터에서 경기를 치렀고, NBA 최고선수들로 구성된 미국 올림픽팀도 그곳에서 연습했다. 무엇보다 솔하임 가족은 협회에서 그들에게 사용료를 실비로 아주 싸게 받은 점을 흡족하게 생각하고 있다.

몇몇 기독교 계열대학에서도 카스텐의 도움을 받아 솔하임센터와 비슷한 시설을 지을 수 있었다.

카스텐과 루이제는 젊어서부터 벌였던 선교사업을 다른 사람들이 모르게 했고, 나이가 들어서도 공개하지 않았다. 카스텐은 자신의 선교사업이 하느님과의 약속이며, 자신이 한 일은 후세에 하느님께서 보답해주실 거라고 믿었다.

1989년 전설적인 농구선수 압둘 자바의 은퇴 경기인 피닉스 선즈 : LA 레이커스 전의 휴식시간은 카스텐이 맞춤제작한 PING EYE 2 골프클럽 세트를 압둘 자바에게 선물하기 위해 마련되었다.

특별한 사람이 남긴 평범한 가르침

카스텐 매뉴팩튜어링을 물려받은 카스텐의 자식들도 아버지 카스텐만큼이나 다른 사람들의 존경을 받을 수 있도록 정진하고 있다. 카스텐과 루이제는 사업을 성공으로 이끌 수 있었던 가치와 원칙을 자식들에게 끊임없이 심어주었다.

카스텐이 조그만 구두점 수선공에서 거대한 기업의 사업가로 성공할 수 있었던 그만의 원칙들은, 인생과 사업을 공부하는 후배들에게 지금까지도 많은 교훈을 선사하고 있다.

◆ 하느님을 최우선적으로 생각하라.

◆ 남자는 가족을 책임질 의무가 있다.

◆ 행복은 마음에 달려 있으며 각자가 하기 나름이다(카스텐은 직원들에게 항상 이점을 강조했다).

◆ 자신이 누구인지, 무엇을 원하는지, 그리고 무엇을 하고 있는지 알고 있어야 한다.

◆ 경영은 입과 머리로 하는 것이 아니라 직접 몸으로 뛰는 것이다.

◆ 직원과 경영자가 서로 이름을 부를 정도로 친해진다면 더 행복해지고 의욕이 넘칠 것이다.

◆ 급여에서는 차이가 나더라도 보너스는 공평해야 한다. 직원들은 모두 열심히 일하고 회사에 기여하기 때문이다.

◆ 빠르고 쉬운 길만 찾아서는 안 되며, 정성이 들어가지 않은 제품을 만들거나, 절대 싸구려로 판매하지 말라.

◆ 가격할인이나 대량생산은 절대로 하지 말라. 고객은 가격이 비싸더라도 최고의 재료와 기술로 만든 제품을 원한다.

◆ 제품의 생명은 가격이 아니라 품질이다.

◆ 세일가격으로 파는 제품은 얼마든지 있다.

◆ 경쟁업체를 신경쓰지 말고 자신의 원대한 계획과 심오한 꿈을 이루기 위해 노력하라.

◆ 재고는 가능한 줄여야 한다. 고객주문 맞춤형으로 생산하라.

◆ 현재 일하고 있는 분야에서 최선을 다하라.

◆ 더 잘할 수 있었다고 후회하기 전에 최선을 다하라.

◆ 전화가 오면 즉시 받는다.

◆ 주변을 돌아보면 항상 할일이 있게 마련이다. 언제나 깨어 있는 정신으로 바쁘게 지내라.

◆ 모든 문제에는 해결방법이 있기 마련이다. 마찬가지로 모든 훈련이나 스포츠는 마스터할 수 있다.

이 원칙은 아주 기본적인 것들이고 상투적인 것으로 느껴질 수 있지만, 특별한 카스텐은 개인으로서 또 사업가로서 평생 이 평범한 원칙을 지키며 실천해왔다.

바로 이 원칙이 우리가 존경하는 카스텐을 만들었고, 이것이 바로 카스텐이 걸어온 길이 되었다.

15

경영권을 아들에게 물려주다

치매, 파킨슨 병에 걸리다

카스텐은 예상과 달리 기억력이 좋은 편이 아니다. 사실 그는 사는 동안 자신의 기억력에 대하여 불평하곤 했었다.

나이가 들어서는 골프클럽에 관계된 것을 제외하고는 다른 사람의 이름이나 날짜 등은 금방 잊어버렸다. 그래서 회사 내에서 루이제의 역할이 매우 중요했다. 루이제는 카스텐이 분명 잊어버렸을 거라고 짐작되는 내용을 꼼꼼하게 챙겨주었다.

1990년대 중반이 되면서 카스텐의 기억력은 급격하게 떨어졌다. 이전 같으면 당연히 기억하고 있을 내용도 자주 잊어버렸다. 심하게는 자신이 무슨 얘기를 했는지도 가끔씩 기억하지 못했고, 저녁메뉴가 무엇인지 몇번이나 물어보기도 했다. 그의 기억력은 점점 더 심하게 나빠져 대화를 나눌 때면 적당한 단어조차 떠올리지 못했다.

처음 루이제는 카스텐의 기억력 감퇴를 나이탓이겠거니 하고 대수롭지 않게 생각했다. 어떻게 보면 여든살의 나이에 기억력이 떨어졌다는 것은 이상한 일이 아니었다. 그런데 어느 순간 카스텐의 증상이 단순히 나이 때문이 아니라는데 생각이 미친 루이제는 남편이 노인성 치매에 걸렸을지도 모른다고 의심했다.

루이제의 불길한 예감은 틀리지 않았다. 카스텐의 기억력 저하 증상은 나이 때문이 아니었다. 그는 병을 앓고 있었던 것이다. 로체스터 마요 클리닉에서는 카스텐이 노인성 치매의 일종인 파킨슨 병에 걸렸다는 진단을 내렸다.

카스텐의 상태는 날이 갈수록 심해졌다. 자필 사인을 즐기던 그였지만 어느 순간 자신의 이름조차 쓸 수 없게 되었다. 루이제는 카스텐의 사진과 이름 그리고 간단한 이력이 적힌 카드를 그가 항상 지니고 다니도록 했다.

그는 전화기와 초인종도 구별하지 못할 정도로 상태가 나빠졌다. 정신이 자주 오락가락했고 무슨 말을 하다가도 자신이 어떤 말을 하고 있는지 기억나지 않아 중간에서 말을 멈추는 일도 잦아졌다. 또한 새벽에는 잠자리에서 일어나 집안을 서성대기도 했다. 어떤 날은 갑자기 여행가방을 싸면서 어디론가 가야 한다고 우겨댄 적도 있었다. 하지만 자신의 병을 인식하지 못한 카스텐은 전처럼 회사에 나가 회의에 참여하고 사람들을 만나고 싶어해 가족의 마음을 더욱 안타깝게 했다.

어느날부터인가 카스텐의 병세가 조금씩 호전되기도 했지만 그는 점점 말수가 적어졌고 더 많은 시간을 간호받아야 했다. 한때 천재라고 불리며 엄청난 부를 이룬 그가 인생의 황혼기에 치매에 걸렸다는 사실은 가슴아픈 일이 아닐 수 없었다.

솔하임 부부의 결혼생활에서 가장 힘들었던 시기는 아무래도 딸 산드라가 정신분열증으로 고생하던 때였을 것이다. 그때도 루이제는 남편에 대한 사랑을 의심하지 않았다. 결혼생활을 힘들어 했던 적도 간혹 있었지만, 그렇다고 별거나 이혼은 생각해보지 않았다. 그녀는 남편에 대한 신의를 지켰고 때로 의견이 맞지 않더라도 남편이 언제나 옳은 일을 할 것으로 믿고 그대로 따라주었다.

또한 그녀는 카스텐이 문제를 어떻게 해결해야 하는지, 어떤 결정을 내려야 할지 알고 있다고 믿었기 때문에 그런 남편을 돕는데 일생을 바치고 의지해왔던 것이다.

그런데 이제 병에 걸려버린 카스텐은 그 어느 때보다 루이제의 도움을 필요로 하고 있었다. 남편의 병을 알기 전 루이제는 각종 모임이나 파티에 자주 참석했고 그녀가 원하는 일이면 무엇이든 시간을 낼 수 있었다. 하지만 이제는 카스텐의 옆자리를 지키면서 항상 그를 보살펴야 했다. 카스텐은 자신의 인생을 루이제에게 맡겨놓은 아기처럼 보였다.

물가에 내논 아이처럼

카스텐이 파킨슨 병에 걸렸다는 소식이 알려지자 그의 친구들이나 직원, 동료들은 믿으려 하지 않았다. 그들에게 카스텐은 항상 사교적이고 인간적이며 재미있는 사람이었던 것이다.

어느날 카스텐과 루이제는 자주 다니던 레스토랑에 갔는데 다행히 카스텐은 그곳을 기억했다. 그는 지배인에게 다가가 인사를 하고 늘 앉던 테이블로 가서 즐겨 먹던 음식을 주문했다.

지배인이 그에게 말을 건넸을 때 루이제는 남편이 그의 말을 이해하지 못할까봐 내심 불안했다. 다행히 카스텐은 재치있는 말로 받아넘겼지만 대화가 길어지자 중얼거리거나 말을 끝맺지 못하고 어물거렸다. 그와 대화를 나눈 사람들은 카스텐이 무언가 이상하다는 것을 눈치챘는데, 카스텐을 바라보는 그들의 놀란 표정을 마주하는 것은 너무도 큰 고통이었다.

삼남에게 회사를 물려주다

마침내 핑 골프클럽의 경영권을 아들 중 한 명에게 물려주어야 할 때가 오고 말았다. 루이스는 맏아들이긴 했지만 회사 경영에는 전혀 관심이 없었다. 둘째아들 앨런은 보조하는 역할이 자신에게 더 어울리고 편하다며 늘 말해왔다. 존은 막내이긴 했지만 회사 초창기 때부터 아버지와 함께 골프클럽을 만들고 디자인도 하면서 골프사업을 이끌어왔다.

1995년 셋째아들 존은 카스텐 매뉴팩튜어링의 대표를 물려받았다. 대표자리를 승계받는 과정에서 의심스러운 부분은 조금도 없었다. 존은 아버지의 애정어린 격려와 충고를 받았는데, 그들 부자가 무슨 대화를 나누었는지는 세상에 알려지지 않았다. 그들만의 비밀이었기 때문이다. 오랫동안 끌어오던 경영권 인수문제는 그렇게 조용히 마무리되어 가고 있었다.

존은 이사회에서 자신의 뜻을 밝혔다.

"나의 아버지 카스텐 솔하임을 우리 회사의 회장님으로 모시겠습니다. 그리고 아버지께서는 저를 사장으로 임명하실 겁니다."

카스텐은 그의 말에 동의했고 이사회의 투표 결과도 만장일치였다. 이로써 10년 간이나 미루어 오던 경영권 인수문제는 결국 셋째아들 존이 회사를 물려받는 것으로 마무리되었다.

첫째아들 루이스는 카스텐 엔지니어링의 사장으로 임명되었고, 둘째아들 앨런은 카스텐 매뉴팩튜어링의 부사장이 되었다.

핑에 부는 새로운 바람

회사를 물려받은 존은 다양한 개선방안을 실행에 옮겼다. 그는 아버지가 회사에서 이룬 업적을 존중했지만 한편으로는 홍보, 마케팅력이 뒤떨어진다고 판단했다. 또한 그루브 분쟁과 관련된 소송 때문에 그동안의 기반을 잃었을지도 모른다고 걱정했고, 지금이야말로 새로운 디자인을 선보여야 할 때라고 생각했다.

존은 홍보전문가를 외부에서 채용하고 새로운 디자인의 핑 아이언 ISI를 개발했다. 이 제품의 출시를 처음 알릴 때 다음 문구를 사용했다. "37년 동안 솔하임 가족은 더 좋은 골프클럽을 만들기 위해 노력해왔습니다"라고.

또한 존과 카스텐이 함께 찍은 사진을 넣었고, 존이 직접 디자인한 새로운 모델이라는 것을 강조하기 위해 "신세대가 만든 신세대 아이언"이라는 문구도 덧붙였다.

과연 어떤 제품이 나올지 경쟁업체들은 긴장했다. 많은 사람들이 카스텐 매뉴팩튜어링이 잠시 주춤하고 있을 뿐, 저력이 있기 때문에 머지않아 다시 최고의 자리에 복귀할 것이라고 예상하고 있다.

아플 때나 건강할 때나

루이제는 카스텐을 보살피는 일에 좀더 많은 시간을 투자하기 위해 회사일을 줄여나갔다.

카스텐이 종종 회사에 나가고 싶어할 때마다 루이제는 남편을 데리고 회사에 나갔다. 그는 공장을 돌아다니며 직원이나 고객들과 얘기를 나누기도 했고 엔지니어링 부서에 가보기도 했다.

그때마다 카스텐은 곧잘 엉뚱한 질문을 했으며 알고 지내던 직원의 이름을 혼동하여 부르기도 했고, 공장의 위험지역으로 가기도 했다. 평소 사람들과 만나는 것을 좋아한 그는 병이 들어서도 집에만 있기보다는 사람들을 만나고 대화하는 것을 즐겼다.

루이제는 이런 남편을 마지막까지 보살필 수 있는 사람이 자신이라는 사실에 감사했다. 결혼할 때 그녀는 기쁠 때나 슬플 때나 부자일 때나 가난할 때나 아플 때나 건강할 때나 변함없이 남편을 사랑하고 보살피겠다고 맹세했었다. 지금까지는 그 약속을 의미있게 생각하지 않았지만, 이제 고마운 마음으로 그 맹세를 실천하고 있는 것이다.

카스텐은 예전처럼 골프나 해외여행을 할 수 없었고 마음대로 나

다닐 수도 없었다. 이런 남편에게 루이제는 조금이라도 더 그가 활동적이고 평안한 노후를 보낼 수 있도록 배려했다.

1998년 초 카스텐은 폐렴 증세로 병원에 입원한 적이 있다. 이때 그는 죽음의 문턱까지 갔다가 구사일생으로 살아 돌아왔다. 솔하임 가족뿐 아니라 직원, 친구들은 모두 그가 살아서 돌아온 것에 안도의 숨을 내쉬었고 신에게 감사했다.

16

핑 골프클럽 이외의 사업

카스텐과 루이제는 아이들과 함께 시애틀, 프레스노, 샌디에고, 샌프란시스코 남부 연안, 뉴욕 근교, 피닉스 등 여러 곳을 옮겨 다니며 살았지만, 카스텐은 언젠가는 샌디에고로 돌아갈 거라고 입버릇처럼 말했다. 아무래도 그는 샌디에고의 환상적인 날씨에 매료되었던 것 같다.

1959년 여름, 부업으로 집안의 차고에서 제작하던 퍼터가 점점 사람들의 입소문을 통해 빛을 발하기 시작했다. 카스텐은 언젠가는 더 넓은 사업장을 찾아야 한다고 말했는데, 실제로 그날은 예상보다 훨씬 빨리 찾아왔다.

1966년 출시한 앤서 퍼터는 반응이 아주 좋아 주문이 쏟아져 들어오기 시작했다. 결국 퍼터제작을 위한 새로운 장소를 찾아야 했다.

솔하임 부부는 입지조건이 매우 중요하다고 생각해 산업지역으로 개발된 애리조나주 피닉스의 A-1구역을 원했다. 마침 A-1구역 고속도로변에 있는 콘크리트 슬라브 건물이 나왔고, 카스텐은 그 건물을 구입하고 싶었지만 건물주는 팔지 않고 임대만 하려 했다.

하는 수 없이 그들은 32번가 벨로드 남부에 있는 창고건물을 임대했다. 비록 상업지역인 C-4지역에 있기는 했지만 퍼터를 제작하기에는 충분해 보였다. 그들은 보증금 800달러를 내고 모든 이사준비를 마쳤다.

그날 저녁 A-1구역에서 상당한 토지를 소유하고 있는 사람으로부터 전화가 걸려왔다. 그 토지주인은 골프제작을 위한 슬라브 건물을 지을 계획인데 그곳과 인근 구역까지 구입할 생각이 있느냐고 물었다. 카스텐과 루이제는 더이상 생각하고 말 것도 없었다. 간절히 기도해오던 소망이 이루어지는 순간이었던 것이다.

그들은 C-4지역의 임대차계약 취소에 따른 위약금까지 물면서 다시 이사준비를 했다. 1966년 늦여름, 새로운 건물에 대한 플래닝을 짠 카스텐은 퍼터제작을 위해 특별히 설계된 2,200 평방 피트의 새 건물로 이사했다.

그무렵 GE에서는 엔지니어 카스텐을 오클라호마 지역으로 발령 내었다. 카스텐은 그곳으로 가고 싶지 않았고, 이젠 골프클럽 사업에 전념해야 할 때가 되었다고 생각해 GE를 그만두었다.

1967년 초, 점점 많아지는 퍼터 주문량을 소화하기 위해서 더 많은 직원이 필요했다. 이때 존은 애리조나 주립대학을 그만두고 새로운 직원이 들어오면 그들을 교육시키는 업무를 맡았다.

몇달 만에 직원이 15명으로 늘어났다. 당시 함께 일했던 사람들은 캐시 테라지노, 캐런 사울렛, 빌 밀러, 존 키니, 밥 드리처, 릭 헬퍼, 길베르토 페랄타, 잭 오튼, 폴리 호그 등이었다. 둘째아들 앨런도 GE를 그만두고 아버지의 사업을 돕기 시작했다.

1년이 조금 못 되어 새로 지은 건물도 비좁아질 정도로 밀려드는 주문은 끝이 없었다. 카스텐은 건물 뒤쪽 부지에 창고형 건물을 새로 지을 계획을 세웠다.

바로 그때 이웃에 토지를 소유하고 있던 리 리처드슨이 카스텐에게 18,000 평방 피트의 건물을 구입할 생각이 없느냐고 물었다. 리처드슨은 디즈니나 천문대 같은 곳에서 사용하는 카메라나 망원경 렌즈를 제조하는 사업가였는데, 그 회사를 새로 인수한 사람이 사업체를 캘리포니아로 옮기려 하기 때문에 건물을 처분하려 한다고 했다.

처음 카스텐은 도저히 감당할 수 없다고 생각해 곤란하다고 말했다. 사실 그렇게까지 넓은 건물은 아직 필요하지 않았다.

바로 그때 또다른 행운이 카스텐에게 찾아왔다.

카스텐을 찾아온 리처드슨은 새로운 제안을 해왔다. 제안내용은 그 건물에 대한 담보권은 카스텐이 맡고 자신은 2차저당권을 가져가겠다는 내용이었다. 솔하임 부부는 리처드슨의 제안을 받아들이기로 결심했다.

카스텐은 그 공장의 기계장비를 인수하는데 38,000 달러밖에 들지 않았다. 게다가 그 기계들은 모두 골프클럽을 만드는데 사용할 수 있는 것들이었다. 리처드슨 회사에서 일하던 몇몇 기계공과 염료 기술자, 컨설턴트인 제네트 패르디도 그대로 고용했다.

1968년 5월, 마침내 새로운 건물로 다시 이사했다. 이로써 1966년

월터 크롱카이트Walter Cronkite 와 카스텐이 PING 골프클럽 공장 내부에서 골프채 제작에 대하여 서로의 의견을 교환하고 있다. 크롱카이트가 애리조나주에 '크롱카이트 언론정보대학'을 설립하면서 그의 부부와 카스텐 부부는 막역한 사이가 되었다.

늦여름부터 1968년 봄까지 1년 반 만에 2,200 평방 피트의 건물에서 18,000 평방 피트의 고층건물로 회사를 확장하게 되었다.

한편 USGA에서는 카스텐이 특허까지 취득한 단조가공 아이언의 샤프트가 약간 휘어 있기 때문에 규정에 어긋난다고 발표했다. 하지만 이 정도에 포기할 카스텐이 아니었다. 그는 바로 도면실로 가서 단조가공 대신 정밀주조법을 사용한 새로운 디자인을 구상하기 시작했다. 정밀주조법을 사용하면 클럽헤드를 훨씬 정교하게 만들 수 있었고, 힐 토우와 테두리를 무겁게 만들어 균형을 잡는 기술도 더욱 효과적으로 적용할 수 있었다. 바로 그때 만든 모델이 카스텐 KI 아이언이다. 이 제품은 1969년 말부터 시판되었다.

1971년 카스텐 매뉴팩튜어링은 전세계적으로 알려지게 되었다. 처음에는 퍼터로 알려지다가 나중에는 클럽헤드의 뒤쪽에 구멍이 나 있는 아이언으로 유명해졌다.

그때 피닉스에 있는 정밀주조공장의 한 사장이 카스텐을 찾아와 자신의 정밀주조공장을 인수할 것을 제안했다(카스텐은 클럽헤드를 모두 캘리포니아에 있는 주조공장에서 제조하고 있었다). 카스텐은 계속 되는 그의 제안을 거절했다. 아직 그럴 만한 여력이 없다고 생각했기 때문이다.

하지만 그는 주조공장을 갖는다면 확실한 품질관리를 통해 더 우 수한 클럽헤드를 만들 수 있고 중간업자를 거치지 않아도 될 거라는 데에 생각이 미쳤다.

마침내 1972년 카스텐은 현재까지 공장 관리인으로 남아 있는 조 지 볼과 그밖의 직원들을 그대로 채용하는 조건으로 그 주조공장을 인수했다. 카스텐은 조지 볼에게 주조공장의 이름을 무엇으로 지으 면 좋겠느냐고 물었다. 낚시광이었던 조지는 '돌핀'이라는 이름을 제 안했다.

리처드슨에게서 건물을 인수한 지 4년 만에 더 넓은 공장이 필요 하게 되었고, 카스텐은 또다른 건물을 짓기로 계획을 세웠다. 1973년 공장 건물 앞에 사무실로 사용하기 위한 2층 건물이 완공되었다.

카스텐 매뉴팩튜어링의 성장신화는 계속되었고, 전세계적으로 퍼 터의 인기가 더욱 높아져 갔다.

영국의 잭 니클라우스와 남아프리카 공화국의 게리 플레이어의 대 리인 마크 맥코맥이 카스텐을 찾아와 핑 퍼터에 대한 해외판매권을 팔라고 했다. 잭 니클라우스는 슬래진저와 계약관계에 있었기 때문에 영국에서 판매되는 핑 퍼터는 모두 슬래진저에서 조립하여 슬래진저 상표를 달아야 했다. 이러한 관계는 1967년부터 시작하여 3년 동안 계속되었다.

핑 제품은 계속 빠르게 성장하고 있었고 아이언 제품도 출시되기 시작했다. 영국에 직접 회사를 차려야겠다고 결심한 카스텐은 로이 프리먼을 고용했다. 그리고 회사 이름을 '카스텐 UK'라고 짓고 바로 착수에 나섰다. 그때 로이의 성실함을 높이 샀던 카스텐은 그 회사의 이윤 5 퍼센트를 로이에게 주었다.

로이는 그의 아내와 함께 일을 시작했다. 작은 창이 달린 조그마한 공장에서부터 시작한 사업은 해를 거듭할수록 계속되는 성장에 더 넓은 곳으로 이전했고, 새로운 직원도 필요하게 되었다. 링컨셔의 게인즈버러에 있던 그 작은 회사가 지금은 직원 100명으로 늘어났고, 영국과 유럽에 핑 제품을 공급하는 규모로 성장했다.

1984년 로이는 카스텐에게 시내에서 멀지 않고 골프코스도 가까이 있는 부지를 추천했다. 카스텐은 당장 그 부지를 사들이기로 결정했고, 몇년 후에는 인근 골프코스까지 사들여 새로운 클럽하우스를 지었으며, 18홀 코스를 하나 더 만들었다.

1974년에는 테리 조셉이 경영하던 소니(Sonee) 열처리 시설을 인수하여 클럽 제작에 활용했고, 나중에는 미시건주에 있는 한 골프공 회사를 인수했다. 이때 카스텐은 그 회사의 기계를 모두 사들였고 직원들도 그대로 고용했다. 그런 다음 회사를 피닉스로 이전하여 리처드슨의 건물 뒤쪽에 추가로 지었으며, 1975년부터 생산에 들어갔다.

작은 차고에서 시작한 사업은 어마어마하게 성장하여 나중에는 피오리아 애버뉴 21번가에서 디저트 코브까지 모든 건물이 카스텐의 소유가 될 정도였다.

1980년 이란에서 인질극 사건이 발생했을 때, 카스텐은 이 사건이 전쟁으로 이어지지 않을까 하는 걱정을 했다. 그는 이미 2차세계대전의 여파로 알루미늄 주방기구업계가 얼마나 큰 타격을 입었는지 잘 알고 있었다. 다행히 상황은 걱정처럼 크게 악화되지 않았다. 하지만 만약 미국이 전쟁에 참여하게 된다면 골프클럽 생산은 사실상 끝난 것으로 보아야 옳았다.

그때부터 카스텐은 정부의 사업에 쓰여질 수 있는 정밀부품을 생산하기 위하여 대형기계를 구입하기 시작했다. 큰아들 루이스가 이 부문에 큰 기여를 했다. 이것이 바로 카스텐 엔지니어링의 시초가 되었고, 1980년에는 카스텐 엔지니어링을 위하여 특별히 설계된 건물이 완공되었다.

카스텐은 그 설비에 대한 자부심이 대단했다. 그는 정밀부품을 제조해내는 거대한 장비를 견학하고자 오는 방문객을 유난히 환영했다. 오늘날 카스텐 엔지니어링은 매우 복잡한 유도 시스템을 위한 정밀부품을 생산하고 있다.

카스텐은 자신의 고향인 시애틀을 방문하기 좋아했다. 1973년에는 스퀴아미시의 부두에 있는 집을 샀고 가끔 그곳에서 친척이나 옛친구를 만나면서 휴가를 보냈다. 지금도 그곳에서 가까운 곳에 카스텐의 누이동생들인 일레인 솔하임과 마조리 코르삭이 살고 있다.

1983년에는 스퀴아미시 집에서 가까운 곳에 있는 부지를 사들였다. 그곳은 철물점과 배관가게, 미용실 등이 있는 상업지구였는데, 카스텐은 이곳을 쇼핑센터로 개발한 다음 8년 동안 지역주민들에게 임대했다.

골프클럽의 디자인, 제조, 판매에서 크게 성공을 거둔 카스텐이었지만, 쇼핑센터사업에서는 성공할 수 없었다.

1990년대 카스텐에게 다가올 고비는 법정분쟁만이 아니었다. 솔하임 가족의 집 부근 문 밸리 골프코스가 내리막길을 걷고 있었던 것이다. 클럽을 소유하던 회원들도 돈을 잃었다. 그린을 새롭게 만들거나 관개수로를 정비할 자본이 없었다. 클럽하우스도 개조해야 했고 직원들은 5년 동안 같은 유니폼을 입고 있었다. 그곳 호수를 메우고 콘도용 부지로 팔려고 한다는 소문까지 나돌았다.

솔하임 가족은 골프코스 근처에 사는 것에 만족했는데 콘도가 들어서고 많은 사람이 그곳에 들어오면, 그 지역의 가치가 떨어지게 될 거라고 판단했다. 카스텐은 결국 회원들에게 문 밸리를 사겠다는 제안을 냈다. 회원들은 회의에 들어갔고 투표 결과 72 퍼센트의 찬성표가 나왔다.

하지만 소수의 회원은 그 결정을 받아들이지 않았고, 카스텐이 골프클럽을 개선하겠다고 한 약속을 제대로 지켜낼지 감시하기 위한 조직까지 만들었다. 하지만 카스텐과 루이제가 곧 최고의 아이디어와 인력을 투입해 골프클럽을 개선해나가자 그런 반대와 감시조직은 깨끗이 사라졌다.

카스텐이 문 밸리에 수백만 달러를 투자한 결과, 문 밸리 골프코스는 프로경기가 열릴 수 있을 정도로 환경이 개선되었고 회원수도 크게 늘어났다. 클럽하우스는 세번이나 확장공사를 했고 휘트니스센터도 만들었다.

그린과 관개시설도 새롭게 손보았고, 파-3 코스도 새로 만들었으며 직원 유니폼도 새 디자인으로 바꾸었다.

핑 골프클럽의 미래

존 솔하임

카스텐 매뉴팩튜어링 대표

1995년, 내 나이 49세가 되던 해 나는 카스텐 매뉴팩튜어링의 대표가 되었다. 그것은 도전이었다. 카스텐 매뉴팩튜어링의 미래가 전적으로 나에게 달려 있었다. 과연 내가 아버지의 자리를 대신할 수 있는 능력이 있을까? 이 거대한 회사를 잘 이끌어나갈 수 있을까?

아버지는 평생 동안 사람들이 보다 쉽고 재미있게 골프를 즐기도록 하는데 일생을 바치셨다. 골프를 통해 사랑을 배운 것은 물론 골프를 즐기는 사람을 위해서라면 그 무엇도 마다하지 않으셨다. 이런 아버지의 노력은 카스텐 매뉴팩튜어링을 세상에서 가장 혁신적인 골프용품 제조회사로 성장시킬 수 있었다.

아버지는 내가 14세 되던 해에 레드우드에 있던 우리집의 작은 차고에서 첫번째 퍼터를 완성해 특허출원했다. 그 당시 나보다 6세 위인 작은형 앨런은 고등학교를 졸업하고, 해병으로 미국해양연구소에서 근무하고 있었다. 산드라 누님은 『선셋 매거진』에 다니고 있었으며, 큰형 루이스는 와이오밍대학 전자공학과를 졸업하고 IBM에 입사해 몇년째 일하고 있었다.

우리는 누구 할 것 없이 새로운 일에 도전하는 아버지의 일을 도왔다. 특히 학생이었던 나는 아버지를 더 많이 도와드릴 수 있었다. 아버지는 어떻게 하면 퍼터가 공을 튕기지 않고 굴러가게 만들 수 있을지에 대한 연구에 어린 나를 동참시키셨다.

아버지는 새로운 것을 시도하는데 타고난 재주를 지닌 분이었다. 예를 들어 망가진 제분기도 직접 연장을 들고 고치셨으며, 거푸집에 퍼터를 주조하기 위한 장치를 고안하기도 하셨다.

이제 나는 새로운 도전에 직면해 있다. 내가 과연 아버지의 빈자리를 메울 수 있을까? 나는 언제까지고 아버지와 함께 일하고 싶었다. 하지만 아버지는 84세의 나이에 치매성 파킨슨 병에 걸려 예전의 날카로움을 점점 잃어갔고 더이상 변화를 원하지 않으셨다.

1970~80년대 회사는 사업영역을 확대하여 골프클럽뿐 아니라 주조, 플랜트산업에까지 투자했다. 최고급 골프공이나 정밀기계를 생산했고 컨트리클럽을 운영하기도 했으며, 워싱턴주 시애틀에 있는 부모님의 여름별장 주변 쇼핑몰에도 투자했다. 또한 영국에 독립된 시설을 갖추고 핑 클럽을 조립·생산한 다음, 카스텐 UK란 이름으로 유럽 전역에 공급했다.

1966년 산드라 누님과 앨런 형님이 사업에 참여했고, 1975년에는 루이스 형님까지 합류했다. 나중에는 6~8명의 손자손녀까지 각자의 배우자와 함께 일하게 되었고, 직원도 거의 2,000명에 이르게 되었다. 이제 회사의 경영진에서 내려진 결정이 수많은 직원과 그 가족들의 생활에 영향을 미치게 된 것이다. 나는 이제서야 그동안 아버님께서 짊어지셨던 그 짐의 무게를 온전히 이해하게 되었다.

우리는 골프클럽 이외의 분야에 많은 돈을 투자한 결과 어려움에도 처했었고, 설상가상 이로 인해 가족간에 갈등이 생기기도 했다. 하지만 더이상 어려움을 겪고 싶지 않았기에 결정을 내려야만 했다.

1980년대 중반부터 시작된 그루브 분쟁은 아버지를 힘들게 한 또 다른 원인이었다. 1990년 나를 비롯해 앨런과 로이 프리먼(당시 카스텐 UK 사장)은 아버지께 USGA와의 분쟁을 빨리 해결하자고 설득했고 아버지는 부담을 느끼는 듯하셨다. 결국 그 분쟁은 1993년 PGA와 법정분쟁을 마무리지으면서 해결되었다. 그때 아버지는 매우 기뻐하시면서 변호사의 손을 잡고 이렇게 말씀하셨다.

"이제 정말 끝난 건가?"

아버지께서 82세가 되었을 때는 이제까지 가장 많이 팔린 아이언 EYE2 모델이 다 팔릴 때까지 더이상 새로운 모델을 출시하지 않으려 하셨다. 하지만 다행히 전에 아버지와 내가 함께 디자인한 새 모델이 있었는데, 그것이 바로 이제까지 나온 핑 모델 중에서 가장 우수한 징2(ZING 2) 아이언이다.

아버지께서 돌아가시던 그 주에 커크 트리플렛은 징2 아이언을 사용해 PGA 투어에서 우승을 차지했다. 리 웨스트우드도 올해 징2 아이언을 사용해 유럽피언 투어에서 우승을 차지했으며, 전세계적으로 다른 많은 골퍼들도 징2 아이언으로 우승했다.

나는 결코 아버지를 따라갈 수 없을 것 같았다. 그래서 아버지를 실망시키지 않기 위해 열심히 일했다. 그때의 경험은 지금의 내가 아들과 함께 일하는데 많은 도움이 되고 있다. 아버지는 내가 더 나아지기 위해 노력하고 있다는 것을 알고 계셨지만, 사업과 디자인에 관해 의견을 제시하면 그것들을 모두 거절해버리셨다. 할 수 없이 나는 다른 사람을 통해 내 의견을 아버지께 전달하여 승낙을 얻어내는 방법을 썼다. 또한 이전 모델을 개량한 새로운 모델을 개발하도록 아버지를 설득하기도 했다.

골프클럽 디자인에도 컴퓨터가 사용되기 시작했다. 덴 쿠비카라는 젊고 유능한 엔지니어가 있었는데, 그는 아버지와 나의 관계개선에 큰 도움이 되어주었다. 아버지와의 마찰을 피할 수 있는 효과적인 방법을 설명해주었던 것이다.

아버지는 징2 아이언 개발에 마지막 열정을 바치셨다. 당신의 아이디어에 내 아이디어를 반영시킨 결과, 이 새롭고 뛰어난 아이언이 탄생한 것이다.

골프장비시장은 크게 성장했지만, 그루브 분쟁에 무리한 사업확장까지 겹쳐 우리 회사는 시장에서 점점 기반을 잃게 되었다.

나는 웰치스와 공동으로 후원하던 LPGA 토너먼트에 참석하기 위해 더그 호켄과 함께 보스턴으로 여행갔을 때 비로소 이 사실을 깨달을 수 있었다.

호켄은 1971년 대학을 졸업하자마자 우리 회사에 입사한 사람으로, 그 당시 마케팅부장이었지만 지금은 핑의 대표가 되었다. 그때

나는 여러 사람들과 이야기를 나누면서 시장에서 어떤 일이 일어나고 있는지 이해하게 되었고, 이를 계기로 아버지의 이상을 현대의 마케팅 전쟁에 어떻게 접목시켜야 할지 연구하게 되었다. 그 결과 처음으로 마케팅 에이전시 '마틴 그룹 오브 리치먼드'를 영입했다.

그동안 아버지는 골프업계에서 디자인과 품질, 고객서비스에 혁명을 일으켰고 최고의 품질로 그 위치를 지킬 수 있었다. 하지만 경쟁업체들은 뛰어난 마케팅 전략으로 사람들에게 자신의 제품이 더 우수하다고 생각하게끔 만들었다. 우리는 다시 최고의 위치를 되찾아야 한다.

나의 아들 존 카스텐과 핑의 기술진은 신제품 '아이소퍼'와 '아이소포스'를 출시해 퍼터사업에 새로운 활력을 불어넣었다. 우리 제품은 전세계적으로 가장 많이 팔리긴 했지만, 최근 들어 선수들에게 투자하지 않았으므로 PGA와 LPGA 투어 선수들은 우리가 바라는 만큼 우리 제품을 사용하지 않았다.

그동안 경쟁업체들은 아버지의 디자인을 그대로 모방해 이름만 바꿔 달고는 선수들에게 일주일에 1,000달러 이상씩 주면서 자신의 제품을 사용하도록 했다. 나는 이제 아버지의 이상을 더 높이 세우고 우리의 최고 위치를 되찾을 목표를 세웠다.

우리는 시장을 주도할 새 제품이 필요하다는 것도 깨달았다. 80년대는 아이언이, 90년대는 드라이버가 우리의 대표상품이었다. 이제 뛰어난 금속 드라이버를 제작하기 시작했다. 아버지의 디자인을 바탕으로 경쟁업체보다 더 뛰어나고 공을 멀리 칠 수 있는 드라이버를 만들었는데, 그것이 바로 핑 TiSI이다.

이 모델은 매우 큰 성공을 거두었다. 이 드라이버를 사용하면 놀라울 정도로 멀리까지 공이 날아갔는데, 다른 제품보다 자그만치 16야드나 더 날아갔다. 우리가 목표했던 것보다 6야드나 더 멀리 나간 것이다.

남자 NCAA 대회에서는 2년 전만 해도 우리 제품을 사용하던 선수가 단 2명밖에 안 되었지만, 올해는 절반 이상이 TiSI를 애용하는 가시적 성과를 올렸다.

올해는 아직까지도 인기있는 모델 아이2 아이언의 특성을 살린 새로운 아이언 세트 i3 모델을 출시했다. 이 모델은 아이2 아이언보다 더 전통적인 외관에 중량감을 주었다.

우리는 새롭게 시장을 주도할 제품의 생산을 기대했다. 몇년 동안 젊은 골퍼들이 핑 제품을 자주 이용했지만, 타이거 우즈와 같이 블레이드 아이언을 사용하는 골퍼들을 따라가고 있는 실정이다. 카스텐의 디자인은 1980년대 초반부터 블레이드에 밀리기 시작했다.

그래서 이번에 블레이드 버전의 i3 모델을 개발하게 된 것이다. 이 모델은 아이2 모델과 흡사하지만 더 작고, 롱 아이언만 뺀 나머지는 모두 오프셋이 없는 모델이다. 이 모델은 우리가 기대했던 대로 아이언 시장을 주도하는 새 제품이 되었다.

제품이 우수하다고 해서 무조건 잘 팔리는 것은 아니다. 나는 오래 전 아버지께서 해오셨던 것처럼 3년 전부터 프로골퍼들에게 우리 제품을 알리기 위한 프로그램을 시작했다.

아버지는 어딜 가든 골퍼들에게 자신이 만든 클럽에 대해 설명하셨다. 우리는 주로 핑 칼라 코드 차트에 기반을 두고, 맞춤고객을 위한 교육을 실시하였다. 그동안 이 프로그램을 통해 전세계적으로 3,000명이 넘는 프로골퍼들에게 핑 장비에 대해 설명해왔다. 그리고 우리는 월요일에 주문하면 고객이 주말에는 골프를 즐길 수 있도록 했는데, 이 프로그램을 시행한 첫해에 98퍼센트 이상이 제시간에 배달되었다.

90년대는 골프가방 사업이 성장하여 우리의 주요 사업분야로 자리 잡았다. 2년 전까지만 해도 NCAA 챔피언십에 출전한 선수들이 모두 우리 제품을 사용했고, 지난 2년 동안 출전한 560명의 선수 중 우리 가방을 사용하지 않은 선수는 고작 7명에 불과했다. 올해는 드라이버와 아이언도 골프가방처럼 시장을 선도하는 위치에 올랐다.

골프용품업계는 지나친 과다경쟁과 덤핑의 범람으로 지난 2년 (1998~99년) 동안 극심한 침체기를 맞게 되었다. 하지만 이렇게 어려운 시기에도 우리는 두자릿수 성장을 계속해왔으며, 올해는 최고의 성장률을 보일 전망이다.

미국과 멕시코 이외의 지역에서 상당한 영향력을 갖고 있는 세인트 앤드류의 로얄＆에인션트 골프클럽이, 금속 우드에 15도 또는 그 이하의 규정을 적용할 움직임을 보이고 있는데, 이것이 또다른 그루브 분쟁으로 이어지지 않기를 바랄 뿐이다.

1999년 말 나는 아들 앤디와 함께 신제품 홍보를 위한 여행길에 올랐다. 일정이 매우 빡빡했지만 즐겁게 보냈다. 앤디는 대견하게도 제품을 제법 다룰 줄 알았고, 내가 놓치고 간 부분까지 짚어줄 정도로 한 단계씩 발전해 나갔다. 앤디를 보면서 아버지와 내가 제품 홍보를 다니던 때가 생각났다. 언젠가 한 골프잡지 기자가 내게 여행을 얼마나 많이 다녔는지 물어보았는데, 그때 나는 아버지가 하셨던 것처럼 그대로 따라 하고 있는 내 자신을 발견하곤 깜짝 놀랐었다.

올해 2월 초 PGA 내셔널 골프쇼가 끝난 후, 성공여부를 확신하지 못했던 더그 호켄과 나는 7월까지 결과를 기다려야 했다. 우리는 할 수 있는 모든 노력을 기울였다. 실제로 골프시즌이 시작되기 전까지 더이상 마케팅에서 할 수 있는 일이 없었다.

아버지는 돌아가시기 2주 전 상태가 많이 호전된 것처럼 보였다. 그때 아버지는 퍼터가 큰 성공을 거둔 것처럼 우드와 아이언에서 크게 성공하기 시작한 것을 지켜보면서 아주 만족해 하셨다.

또한 아버지는 우리 회사에서 오랫동안 일해온 게리 하트와 저명한 골프코스 설계자인 밥 컵이 새롭게 단장하고 있던 문 밸리 컨트리 클럽을 둘러보면서 매우 즐거워하셨다. 아버지는 80년대에 자신이 하고자 했던 일을 지금 다른 사람들이 하고 있는 모습을 보면서 행복해지신 것이다.

아버지가 세상을 떠나시던 날, 골프업계는 이 소식을 아주 크게 취급했다. 대부분의 경우 토너먼트 중간에는 이런 발표를 하지 않지만 그날은 예외였다. 로스앤젤레스 PGA 투어에서는 턱슨이 칠 차례에 그 소식을 발표했고, 플로리다에서 열린 PGA 머천다이저 쇼에서는 쇼가 끝나자마자 발표했다.

아버지는 돌아가시기 직전 내게 말씀하셨다.

"내 아들, 참 잘하고 있구나. 나는 이제 그만 떠나야겠다."

"카스텐, 네 임무는 모두 끝났다. 이제 고향으로 돌아갈 시간이구나"라고 하느님께서 손짓하며 말씀하시기라도 하듯 그렇게 조용하고 평화롭게 아버지는 우리곁을 떠나가셨다.

아버지의 인생은 잠언집 3장 5~6절을 보면 잘 이해할 수 있다.

하느님에 대한 믿음이 그대의 가슴속에 가득할지니
스스로 교만하지 않을지어다.
그대 가는 길마다 하느님이 함께 하시니
그대 가야할 길을 일러주시리라.

이 성경말씀은 아버지의 삶과 우리 가족의 삶을 지속적으로 지켜주는 힘이 되었다.

우리는 패밀리-비즈니스 라운드테이블의 저명한 상담가인 밥 코터와 존 크로스비의 도움을 받아 앞으로 회사를 어떻게 운영해 나갈지 계획을 세웠다. 그들은 우리 가족이 함께 회사를 운영해 나갈 수 있도록 도움을 주었다. 우리 형제는 아버지께서 원했던 사업을 다음 세대에도 계속 유지해 나가기로 결정했다.

아버지가 돌아가셨을 때만 해도 어려움을 완전히 벗어난 것은 아니었다. 하지만 몇달이 지난 지금 우리는 이제 성공했다고 확신할 수 있다.

미국에서 평생 동안 한 회사에서 일하는 것은 흔치 않은 일이지만 우리 회사에는 오랫동안 근무해온 직원들이 많이 있다. 30년 이상 일해온 사람들도 있고 20년 이상 일한 사람들도 40명이 넘는다.

우리는 카스텐 매뉴팩튜어링의 직원 모두를 한 가족으로 생각한다. 기쁠 때나 어려울 때나 우리와 함께 해준 이들 모두에게 솔하임 가족은 깊이 감사하고 있다.

　이제 우리의 목표는 생산, 디자인, 품질, 서비스 이 모든 분야에서 최고의 자리를 다시 확보하는 것이다. 우리가 서로 힘을 합쳐 아버지가 걸어가신 길을 걷는다면, 우리의 목표는 곧 달성될 수 있으리라 믿는다.

핑 골프클럽과 카스텐 솔하임의 연표

1911년

- 노르웨이의 항구마을 베르겐에서 카스텐 솔하임 출생.
- 왼쪽의 퍼터가 핑의 BERGEN. 이는 카스텐의 고향마을에서 따온 이름.

1913년

- 부모님과 함께 미국으로 건너와 워싱턴주 시애틀에 정착. 이듬해 어머니 사망.

1931년

- 구두수선공이었던 부친의 일을 전수받아 신발수리의 기술을 습득.
- 고등학교를 졸업한 후 워싱턴대학의 기계공학과에 다니다가 대공황의 영향으로 학업을 일시중단하고, 부친의 가게일을 도움. 이후 8년 동안

시애틀에서 신발수리점 운영.

1940년

- 공랭식 주방용품 '미라클 메이드'의 서부지역 최고의 세일즈맨을 거쳐, 지점장과 지역소장으로 승진. 영업사원들을 가르치고 훈련시킴. 이 일을 9년 동안 계속.

1941년

- 미국 시민권 받음.
- 캘리포니아대학에서 실시한 10주 공학과정에 등록, 기계설계 엔지니어로 훈련 받음.

1953년

- 리안(Ryan) 항공에서 4년간 일했던 기계엔지니어 등의 경력을 인정받아 뉴욕주 이타카에 있는 GE(제너럴 일렉트릭)의 첨단전자연구소에 기계설계 엔지니어로 입사.
- 42세 되던 해 처음으로 뉴욕에서 회사동료들과 골프를 침.

1954년

- 휴대용 TV 세트의 프로젝트 엔지니어로 승진. 이때 카스텐이 디자인한 제품은 내수 200만대라는 기록을 세우며 공전의 히트상품이 됨.

1956년

- 캘리포니아의 팔로 알토에 있는 GE의 컴퓨터 사업부로 전출하여 은행업무의 전산화시스템 ERMA 프로젝트에 몰두.

1959년

- 캘리포니아 레드우드에 있던 자신의 집 작은 차고
  에서 첫번째 퍼터 1A를 디자인.
- 퍼터 제작을 위한 밀링머신을 구입하기 위해 은행
  에서 1,100 달러 대출.
- 이때부터 퍼터 제작은 가족 모두의 일이 됨.
- 퍼터가 공에 부딪힐 때 나는 소리에서 힌트를 얻어 '핑(ping) 퍼터' 라
  이름지음.
- 5월 23일 핑 1A 퍼터 특허출원.
- 위의 퍼터가 레드우드 시절에 만든 1A 퍼터.

1961년

- 솔하임 가족 피닉스로 이사. 이곳에서도 계속 차
  고에서 핑 퍼터를 제작. 힐 토우를 무겁게 만든 퍼
  터가 퍼팅 실수를 줄여준다는 사실이 알려짐.
- 퍼터 디자인에서 쌓은 경험을 바탕으로 아이언 제작. 달성하고 싶은
  스코어 69에서 아이디어를 얻어 최초의 아이언을 69라 명명.
- 위의 사진이 69 아이언.

1962년

- 핑 퍼터를 사용한 존 바넘이 최초로 PGA 투어 카준 클래식에서 우승.

1965년

- 앤서 아이언 탄생. 우측 상단의 사진이 앤서 아이언.
- 이런 시제품들이 토대가 되어 1969년 카스텐 1(K1)이 탄생.

1966년

- 세계 정상급 선수들이 핑 퍼터를 사용하고 있는 월드컵대회가 일본에서 중계됨. 핑 퍼터의 주문량 계속 증가.
- 경쟁제품에 앞서기 위한 대안으로 독자적인 '토우 힐 밸런스' 이론을 구현시킨 명품 앤서(Anser) 퍼터를 디자인. 아내 루이제가 '앤서'라는 이름 제안.
- 핑 퍼터의 매출이 연간 5만 달러 넘어섬.
- USGA(미국골프협회)에서는 앤서 퍼터를 제외한 나머지 핑 퍼터는 모두 그립 아래 샤프트 부분이 휘어 있기 때문에 규격에서 벗어난다고 단정.

1967년

- 카스텐은 퍼터제작에 전념하기 위해 14년 동안 근무해온 GE에서 퇴직. 지금의 회사 위치인 애리조나주 피닉스 북부에 카스텐 매뉴팩튜어링 Co. 설립.
- 5월 21일 앤서 퍼터 특허 취득.

1969년

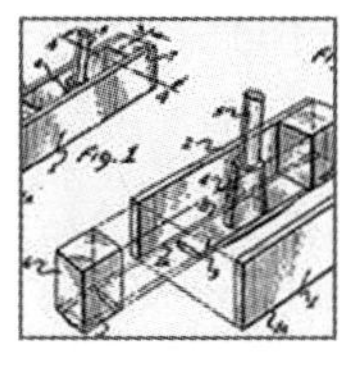

- 잭 니클라우스, 아놀드 파머, 게리 플레이어, 톰 와슨, 세브 발레스테로스 등이 앤서 퍼터를 사용하는 것을 비롯 PGA 투어에서 핑 퍼터가 대단한 붐을 이룸.
- '토우 힐 밸런스' 이론이 골프클럽 제조업계의 혁명적 컨셉으로 자리잡음.
- 위의 그림이 1A 퍼터 설계도. 여기에서 토우 힐 밸런스 탄생.

- 정밀주조법을 골프클럽 제작에 도입, 아이언 제1호 KARSTEN I 출시. 테두리를 무겁게 만들고, 17-4ph 스테인리스 스틸을 사용.
- 왼쪽 사진이 K1 아이언.

1970년

- 정밀주조법으로 아이언의 본격적인 양산체제에 들어감.
- 골프용품업계에서 일약 트랜드 메이커로 자리잡음.

1971년

- 솔하임 부부 핑 홍보를 위한 세계일주여행중 인도에서 자동차사고 당함. 이때 카스텐은 턱에 부상을 입고 그 흉터를 가리기 위해 유명한 염소수염을 기르기 시작.
- 단풍나무 판이 적층된 KARSTEN I 출시. 테두리가 무겁고 클럽헤드가 큼.
- 위의 사진은 평삭기 앞에서 헤드를 깎는 카스텐 솔하임.

1972년

- '핑 칼라 코드 차트' 출시. 골퍼들이 자신에게 정확히 맞는 규격을 선택할 수 있도록 함.
- 피닉스의 정밀주조회사 '돌핀 인더스트리'를 인수하고, 항공우주 등 기타 공업제품의 정밀부품 생산 시작.

1973년

- '로프트 & 라이 가우지' 특허를 내고 핑 아이언을 정교하게 만드는데

이용.

1974년

- '소니(Sonee) 열처리회사' 인수. 열처리를 통해 핑 아이언과 핑 퍼터
  의 품질과 정밀도를 향상시킴.
- 골프공 제조회사를 인수하여 골프공의 제조에 착수.

1976년

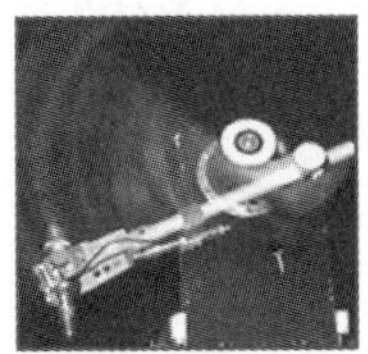

- 로봇 핑맨(Ping Man) 개발. 어깨가 회전되고 관
  절이 자유롭게 움직여 사람의 스윙을 정확히 모
  의실험할 수 있도록 설계된 기계골퍼 핑맨을 사
  내에 설치. 이후 클럽 및 볼의 성능시험에 활용.
- 위의 사진은 핑맨의 모습

1979년

- US오픈과 브리티시 오픈에서 핑 퍼터가 가장 많
  이 사용되기 시작. 이후 20년 동안 계속하여 사용
  률 1위를 지킴.
- K Ⅲ를 계승 발전시킨 핑 아이(PING EYE) 아이언
  출시. 특허받은 '눈' 모양의 구멍이 있어 사용감 우수.
- 제릴린 브리츠가 핑 아이 아이언을 사용해 US여자오픈에서 우승.
- 위의 사진은 핑 아이 아이언.

1982년

- 핑 아이 아이언을 개선한 핑 아이2 아이언이 개발됨. 이 명품은 전세계
  에서 이제껏 가장 많이 팔린 역사적인 아이언이 됨.

1984년

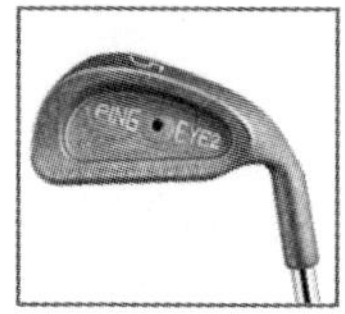

- 핑 아이2 아이언에 U 그루브를 적용하고 공전의 판매기록을 세움.
- 정밀주조법이 일반화되어 USGA가 그루브에 대한 규정을 개정함.
- 경량 골프백을 출시하여 전국대학 및 주니어골퍼들에게 인기를 끔.
- 골퍼들이 숏게임에서 사용하도록 고안된 61도 L-웨지(L-wedge)를 개발.
- 베릴륨 구리가 처음으로 핑 아이2 아이언에 사용. 느낌과 외관이 뛰어나 큰 인기를 얻음.
- 위의 사진은 핑 아이 2.

1986년

- 밥 트웨이가 PGA 챔피언십 최종 홀 벙커에서 핑 아이2 샌드 웨지를 사용하여 우승함. 트웨이는 토너먼트에서 네번이나 우승해 올해의 PGA 선수로 선정.

1987년

- PGA 챔피언십에서 앤서2를 사용한 선수 우승. 메이저 대회에서 핑 퍼터를 사용한 25번째의 우승 달성.
- 카스텐, 피닉스 비즈니스 명예의 전당에 입성.
- 애리조나 산업협회상 수상. 폴 하비(Paul Harvey)가 수여.

1988년

- 4개의 메이저대회 우승에 핑 퍼터가 사용되었는데, 이것은 핑만이 지닌 유일한 기록.

- 수출에 기여한 공로로 '위대한 전문인'으로 선정되어 로널드 레이건 대통령에게 대상 수상.

1989년

- 핑 프로인 마크 칼카베르치아가 브리티시 오픈 플레이 오프에서 우승함. 최종 홀에서 베릴륨 구리합금으로 만든 핑 아이2 아이언 세트를 사용해 『골프 매거진』으로부터 올해의 샷으로 선정.
- 그루브 논쟁이 심각하게 되어 USGA를 상대로 손해배상 청구.

1990년

- 미국과 유럽의 여자프로골퍼들이 2년에 한번씩 경기하는 솔하임컵 탄생. 플로리다주에서 열린 첫 대회는 미국팀이 승리.
- 그루브 규정을 만족시키는 '아이 2 플러스' 발표.
- USGA와 화해, USGA는 '아이 2'를 규정에 적합한 클럽으로 인정하고, 핑측은 규칙에 저촉된 '아이 2' 생산을 중단키로 합의.
- 위의 사진은 솔하임컵에서 시상하는 카스텐 솔하임.

1991년

- 계속하여 수출에 지대한 공헌을 했다는 이유로 부시 대통령에게 '올해의 E-스타상' 수상.
- 무명의 핑 프로인 존 델리가 PGA 챔피언십에서 우승. 노르스크 호스트페스트에 있는 스칸디나비안 명예의 전당에 입성.
- 여자골프계에 대한 공로로 패티 베르그상 수상.

1992년

- 혁신적인 모델 '징(Zing)' 이 세계에서 동시 발표.
- 제2회 솔하임컵이 스코틀랜드의 달마호이에서 열리고 유럽팀 우승.
- 솔하임 라이프타임 공로상 제정.
- 애리조나 주립대학에서 명예박사학위 수여.
- 위의 사진은 징 모델.

1993년

- 징 2(Zing 2) 퍼터를 사용해 US오픈에서 우승. 이후 5년 연속하여 핑 퍼터를 사용한 선수가 US오픈에서 우승.
- PGA와의 그루브 논쟁에서 승소.
- 퍼터 5KS 시리즈 발표
- 위의 사진은 징 2.

1994년

- 전국골프협회에서 솔하임 가족을 '올해의 골프가족' 으로 선정.
- 『골프위크』 선정, '올해의 골프업계 아버지상' 수상.
- 미국골프협회 선정, '올해의 골프가족상' 수상.
- LPGA 협회장상 수상.
- 홈워드 바운드 골프 채리티 리더십상 수상.
- 미국팀의 LPGA 솔하임컵 우승기념으로 루이제, 존과 함께 백악관을 방문하여 빌 클린턴 대통령과 환담.

1995년

- 14세부터 집안의 차고에서 아버지를 도와 골프클 럽을 만들기 시작한

존 솔하임이 카스텐 매뉴팩튜어링의 2대 사장으로 취임.

- 후퍼 캐리백 출시. 가방 바닥을 말발굽 모양으로 만들어 클럽을 쉽게 넣고 뺄 수 있도록 디자인.

- 메트로폴리탄 골프작가협회 선정, '올해의 가족상' 수상.

- 위의 사진은 존 솔하임.

1996년

- 니켈로 만든 핑 ISI 아이언 출시.

- 평생 골프에 헌신한 카스텐의 공로를 인정하여 PGA에서 어니 사바이락상 수여.

- 피에스타 바울 퍼레이드의 명예로운 상 그랜드 마샬 수상.

1997년

- 쿠신 셀렉티브 필터링 인서트 출시. 강철 샤프트에 적용하여 임팩트 순간의 진동을 크게 줄임.

- 핑 퍼터 아이소퍼(Isopur) 인서트 개발.

1998년

- 핑 TiSI 드라이버 개발 출시. 첫해부터 남녀 모두 US 아마추어 챔피언십을 비롯한 세계의 여러 대회에서 우승.

- 골프클럽 기술개발을 수행하기 위한 신제품 개발센터 핑 Wrx가 탄생.

- 핑 퍼터 총 1,800회 우승. 마스터스 & 브리티시 오픈에서 우승함으로써 통산 500회 메이저 대회에서 우승.

- 남자 및 여자 NCAA 1부 챔피언십 선수들 전원 핑 골프가방 사용.

1999년

- 카스텐 매뉴팩튜어링의 계열사를 통합한 핑 Inc. 출범.
- 『골프 인더스트리 뉴스 유럽』 선정, 평생공로상 수상.
- 포드 평생공로상 수상.
- 워싱턴대학의 '가장 유명한 동문 100인'에 선정.

솔하임 회장님, 감사합니다

이 책을 처음 대했을 때 무엇보다 먼저 눈에 띄인 것은 PING이라는 상표였습니다. 핸디캡 20 정도 치는 저 역시 퍼터는 PING의 IceWall을 사용하고 있기 때문에 제 손때가 자욱이 묻은 퍼터 손잡이 부분에 하얀 색 볼드체로 써 있는 상표가 생각났던 것입니다.

비단 골프를 즐기지 않는 분이라고 해도 PING이라는 상표는 결코 낯설지 않을 것입니다. 하지만 카스텐 솔하임이라는 이름은 낯설었습니다. 세계 경제사에 큰 발자취를 남긴 기업과 이를 이끌었던 CEO들의 이야기가 소개된 책들 중에 『Great Breakthrough by Businesses』, 『Search into Excellences』와 같이 베스트셀러 대열에 올랐던 저서에서 보지 못했던 인물이기 때문입니다.

하지만 이 책을 번역하면서 그가 남긴 발자취의 깊이를 꼼꼼히 들여다볼 수 있었으며, 위의 책에서 왜 소개가 되지 않았을까 궁금증마저 들었습니다.

서점에 가서 어떤 책을 사볼까 고심하며 이곳저곳을 서성이다 보면, 시간이 어찌나 빨리 지나가는지 놀라곤 합니다. 책을 사랑하는 많은 분들도 똑같은 경험을 공유하고 있으리라 짐작합니다. 하지만 저는 위인의 이야기나 자서전에는 손이 별로 가지 않는 편입니다.

흔히 남보다 앞서가거나 뛰어난 사람들의 잘난 이야기려니 하며 지나가기도 하고, 전기나 자서전을 대필하는 작가가 쓰기 나름이지 않을까 하는 의구심도 가지곤 했습니다.

이제까지 제가 유일하게 감동받으며 읽은 전기나 자서전은 아이아코카의 자서전이 전부였습니다. 대형서점에서 원서를 보게 되었는데, 처음에는 하드 커버의 책이 멋져 보여서 책장의 질을 조금 올리려는 불손한(?) 의도로 구입한 책이었습니다.

하지만 읽어갈수록 눈을 뗄 수가 없었습니다. 한 협객의 삶과 죽음이 막 갈리려는 상황에서 매니아들이 무협지에서 눈을 떼지 못하듯이 말입니다.

혹독한 시련을 딛고 일어서기도 어려운 상황에서 그는 일국의 경제라는 거대한 무대를 뒤흔들며 미국 자동차산업에 전설을 남겼을 뿐 아니라, CEO의 경영 노하우를 이야기할 때 아직까지도 많은 사람들의 입에 회자되는 진정한 패러다임이기 때문입니다. 아마도 많은 분들이 읽으셨으리라 생각합니다.

이제 독자 여러분에게 카스텐 솔하임 회장이야말로 골프산업의 진정한 패러다임이라고 소개드리고 싶습니다.

아놀드 파머, 잭 니클라우스, 그렉 노먼 등 위대한 선수들이 큰 발자취를 남겼지만, 이들 역시 카스텐의 천재성과 열정이 없었다면 어떤 상표가 새겨진 골프클럽을 사용했든 간에 그렇게 화려한 플레이를 할 수 없었을 것입니다.

다시 말해, 카스텐의 아이디어와 이를 구현하기 위한 노력이 없었다면 골프라는 스포츠에 있어 골프코스나 갤러리, 골프복 등 그 무엇보다 가장 근본적이며 중요한 골프채가 오늘날처럼 발전하지 못했을 거라는 이야기입니다.

물론, 저도 이 책을 읽으면서 카스텐 솔하임 회장님께 감사와 존경의 마음을 지니게 되었습니다. 회장님이 아니었다면 티타늄 소재 대신 알루미늄으로 만들어진 무거운 골프채를 들고 다녔을지 모르니까요.

우리는 비범한 선구자나 위인들이 가지고 있는 강점들 중에 우리에게 가장 적절하거나 가장 부족하다고 여겨지는 점을 배우곤 합니다. 이 책에 소개된 카스텐의 삶을 통해서 제가 배울 만한 덕목을 이렇게 정리해보았습니다.

1. 일에 대한 열정과 가족에 대한 사랑을 균형 있게 조화시킨 삶
2. 할 수 있다는 자신에 대한 신념과 꿋꿋한 의지력을 지닌 삶
3. '왜' 라는 질문을 '어떻게' 라는 방법론으로 풀어내기 위해 끊임없이 연구하는 삶
4. 자신에 대한 자부심을 겸손함으로 베풀 수 있는 지혜

5. 현실을 비관하지 않고, 가슴에 품은 '비전'의 열기로 희망을 잃
   지 않은 삶

독자 여러분께서도 나름대로 배우고자 하는 덕목을 스스로 정리해
보시기 권합니다. 한번 정리해보면 책을 읽은 약효(?)가 더욱 커질
것입니다.

우리도 어떤 분야에서든 그 분야의 '카스텐'이 될 수 있을 것이라
는 야망과 기대로 가슴을 부풀려 봅니다.

모쪼록 이 책에 소개된 카스텐의 삶이 여러분의 인생에 훌륭한 지
침서가 될 수 있기를 기대합니다.

2002년 10월
은석준

옮긴이 은석준
1998년 번역 1급 자격을 취득하고,
1999년 중앙대학교 경영학과를 졸업했다.
현재 한국 IBM Global Financing에서 근무하고 있다.
『마키아벨리의 전쟁론(1999)』, 『위대한 결정(2001)』,
『이젠 e-마케팅으로 승부하라(2001)』,
『마케팅 51%의 법칙(2002)』 외 5종의 책을 번역하였다.

핑 골프클럽 50년 이야기
PING® 창업자 카스텐 솔하임, 샐러리맨에서 천재적 기업인으로

펴낸날 2002년 12월 2일 1판 1쇄
지은이 트래이시 섬너
옮긴이 은석준

펴낸이 김혜숙
펴낸곳 도서출판 참솔
등록번호 제8-244호
등록일 1998년 5월 13일
주소 121-718 서울시 마포구 공덕동 404 풍림빌딩 521호
대표전화 3273-6323
팩시밀리 3273-6329
이메일 charmsoul@charmsoul.com

값 9,700원
ISBN 89-88430-29-8 03320